Das Römische Carneval schrieb Goethe im ersten Jahr nach seiner Rückkehr aus Italien, zur Ostermesse 1789 erschien es bei Unger. Was den Zugang zu dieser ungewöhnlichen Festbeschreibung schwierig macht, aber auch den Leser zu einer näheren Beschäftigung mit diesem Werk immer aufs neue reizt, sind Goethes zahlreiche Unmutsäußerungen über die »Karnevalstorheit« sowohl vor als auch nach der Niederschrift.

Die hier vorgelegte Deutung versucht zugleich dem Rätsel dieses Widerspruches etwas näher zu kommen. In dreifacher Hinsicht wird hier Goethes *Römisches Carneval* gesehen. Erstens wird dieses vollendete Stück in den Zusammenhang mit jenen bisher relativ unbekannten Bruchstücken über Kunst, Natur und Volksgebrauch in Italien, die Goethe im selben Jahr nach der Rückkehr aus Italien sukzessiv im »Teutschen Merkur« veröffentlicht hat, gleichsam wieder zurückgestellt. Zweitens wird hier nach der inneren Form des *Römischen Carneval* gefragt, das sich als ein Meisterwerk dramatischer Kompositionskunst erweist. In den Lichtern, mehr aber noch in den vom Dichter unübersehbar aufgewiesenen Schatten des römischen Karneval liegt nicht zuletzt wiederum ein Aufschluß darüber verborgen, warum Goethe gerade diesem ungeliebten Fest die Aufmerksamkeit sorgfältigster Darstellung geschenkt hat: eben insofern als dieses Fest dem Geist widerwärtig war, war der Geist im besonderen Maße herausgefordert, ja verpflichtet, dieses Fest vor dem Sinn zu bergen – nicht anders, als – und dies wäre die dritte hier ausgezogene Perspektive – Heraklit zwei Jahrtausende *vor* Goethe sich dem Fest zu Ehren des Dionysos, an dem er Anstoß nahm, gestellt hat. Als ein Produkt des ›dunklen‹ Goethe erscheint so das *Römische Carneval* zuletzt, das heute, da das historische Karneval in Rom längst erloschen ist, uns immer noch angeht, ja unmittelbar vernehmlicher sein mag als dem vorigen Jahrhundert.

insel taschenbuch 750

Goethe

Das Römische Carneval

JOHANN WOLFGANG GOETHE
DAS RÖMISCHE CARNEVAL

Mit den farbigen Figurinen
von 1789
und den Fragmenten
»Über Italien«
Herausgegeben und mit
einem Nachwort versehen
von Isabella Kuhn

INSEL

insel taschenbuch 750
Erste Auflage 1984

Vertrieb durch den Suhrkamp Taschenbuch Verlag
Umschlag nach Entwürfen von Willy Fleckhaus
Satz: Schumacher-Gebler, München
Druck: Nomos Verlagsgesellschaft, Baden-Baden
Printed in Germany

1 2 3 4 5 6 – 89 88 87 86 85 84

DAS

RÖMISCHE CARNEVAL.

Berlin, gedruckt bey Johann Friedrich Unger.

Weimar und Gotha.

In Commission bey Carl Wilhelm Ettinger.

1789.

INHALT

VORBEMERKUNG
ZU DIESER AUSGABE

Goethes Studie ›*Das Römische Carneval*‹ wurde im Januar 1789 niedergeschrieben. Der Erstdruck erfolgte noch im Mai desselben Jahres bei J. F. Unger, Berlin. Dieser (schon nach kurzer Zeit vergriffenen) Ausgabe waren zwanzig numerierte Kupfertafeln beigegeben: dreizehn Figurinen von charakteristischen Masken des römischen Karnevals und sieben ›Standbilder‹ aus der Antike, nach Zeichnungen von Johann Georg Schütz radiert und handkoloriert von Georg Melchior Kraus und seinen Schülern. Die Titelvignette, von Heinrich Lips, zeigt drei große Masken neben einer mit Masken und einem Widderfell geschmückten Vase. Der Ausgabe war ein kleines Druckfehlerverzeichnis (»Errata«) beigegeben. Sie erschien anonym, aber bereits der (bereinigte) Wiederabdruck des Texts im 5. Band des ›Journal des Luxus und der Moden‹, Januar 1790, wurde unter dem Namen des Verfassers angekündigt. Als Separatum erschienen dazu die 20 handkolorierten Tafeln unter dem Titel ›Masken des Römischen Carnevals‹. Alle folgenden zu Goethes Lebzeiten veranstalteten Drucke blieben ohne Textillustrationen[1]. Goethe selbst tilgte die

[1] W. Hagen: Die Drucke von Goethes Werken, Berlin 1971, ver-

Verweise auf die Tafeln, als er ›Das Römische Carneval‹ 1792 in den ersten Band seiner ›Neuen Schriften‹ aufnahm. 1829 wurde das ›Carneval‹, das in den vorausgegangenen Ausgaben (›Werke‹ Bd. 12, 1808; ›Sämmtliche Schriften‹ Bd. 13, 1810; ›Werke‹ Bd. 13, 1817) immer als Einzelschrift erschienen war, dem mit ›Zweyter Römischer Aufenthalt‹ überschriebenen dritten Band der ›Italiänischen Reise‹ (= Bd. 29 der Ausgabe letzter Hand) inkorporiert.

Unserer Ausgabe liegt der Text der ›Weimarer Ausgabe‹ (I. Abteilung, Bd. 32, 1906, S. 223-271) zugrunde, der dem der Ausgabe letzter Hand entspricht, jedoch von Fehlern und Versehen gereinigt ist (Hrsg. Julius Wahle, Redakteur Erich Schmidt). Von der Vorlage unterscheidet sich unser Text durch folgende Änderungen:

Die Orthographie wurde – unter Wahrung des Lautstandes – modernisiert, die Zeichensetzung jedoch (bis auf einige, unten angeführte Ausnahmen) beibehalten.

Da unserer Ausgabe sämtliche kolorierten Tafeln des Erstdrucks (Sigle: *E*) beigegeben sind, erschien es sinnvoll, die in *E* gegebenen, später getilgten Verweise auf diese Abbildungen wieder einzusetzen. Sie sind in [ ] gestellt (Tab. = Tafel, Fig. = die jeweilige Maske).

Ferner wurden die von Goethe für *E* verfügten, dort durch Kursivdruck kenntlich gemachten Hervorhebungen einiger Begriffe oder Vorgänge auch hier wieder

---

zeichnet jedoch (S. 136, Nr. 195) einen abgeleiteten Druck mit verkleinertem Abdruck der 20 Maskentafeln auf 18 Blättern im ›Taschenbuch der alten und neuen Masken‹ 1793 (auch unter dem Titel: ›Taschenbuch für das Karnaval‹), Frankfurt und Leipzig.

kursiv gesetzt. Zur Bedeutung dieser (erst für die Ausgabe letzter Hand und nicht durch Goethe selbst getilgten) ›Sperrungen‹ s. das Nachwort, S. 120 f.

Einzelne Abweichungen von der Vorlage (WA), meist zugunsten des Erstdrucks *(E)*:

Seite und Zeile dieser Ausgabe		WA
26, 2:	schwebt *(E)*	schwebt,
26, 3:	rennenden *(E)*	rennender
28, 20:	begegnenden *(E)*	ihnen begegnenden
32, 3f.:	einen Stab einen Hut *(E)* *(gegen die grammatisch korrekte Fassung, doch bildlich konsequent)*	ein Stab ein Hut
32, 31:	Fraskatanerinnen *(E)*	Frascatanerinnen
33, 24:	streckte *(E)*	streckte,
34, 1:	Gedränge, *(E)*	Gedränge:
38, 23:	ander *(E)*	anderes
38, 30f.:	manchem ... Hand *(E)*	manchem, ... Hand,
39, 23:	hinein *danach Komma getilgt*	hinein,
40, 4:	Gefolgs *(E)*	Gefolges
40, 10:	preist *(hier und in den folgenden Fällen keine Elision)*	preis't
41, 20f.:	scherzhaften ... ernstlichen *(E)*	scherzhaftem ... ernstlichem

41, 22:	werde *(E)*	wird
41, 24f.:	von ihm ... bemerken *(E)*	ihm ... bemerklich
44, 10:	manch solcher *(E)*	mancher solche
45, 12f.:	im emphatischen *(E)*	in emphatischem
47, 25:	Spanischen Platze *(E)*	spanischen Platze
51, 7:	Grad *(E)*	Grade
52, 20:	gefallnen *(E)*	gefallenen
54, 10:	abgeschoßnen *(E)*	abgeschossenen
54, 13:	hinunter-, dem andern,	hinunter, dem andern
62, 2f.:	mancher ... sollte. *(E)*	manche ... sollten.
63, 5f.:	gedrängtvolle *(E)*	gedrängt volle
63, 11f.:	geschoben wird *(E)* aufgehalten wird	geschoben wird, aufgehalten wird,

Im Anhang werden hier die von Goethe in Wielands ›Teutschem Merkur‹ 1788 und 1789 (ebenfalls anonym) veröffentlichten Aufsätze abgedruckt, die, zunächst als ›*Auszüge aus einem Reisejournal*‹ (1789: ›*Fortsetzung der Auszüge aus dem Taschenbuche eines Reisenden*‹ und ›*Fortgesetzte Auszüge aus dem Taschenbuche des Herrn****‹) vorgestellt, unter dem Titel ›*Über Italien. Fragmente eines Reisejournals*‹ ab 1808 in die Ausgaben der ›Werke‹ aufgenommen wurden, allerdings nie mehr als ›komplette‹ Folge, sondern, bis hin zur Ausgabe letzter Hand, sukzessive um diejenigen Stücke vermindert, die in die ästhetischen Schriften und die ›*Italienische Reise*‹ integriert wurden. In der WA (I 32) sind von dieser Reihe nur noch zwei ›Belegstücke‹ *(›Stundenmaß der Italiäner*‹ und ›*Volksgesang*‹*)* übriggeblieben. Der vollständige Abdruck dieser – mit dem ›*Römischen Carneval*‹ – ersten Veröffentlichungen Goethes nach seiner Rückkehr aus Italien erschien daher als ein Desiderat. Wurde doch auch im ›Merkur‹ (April 1789) ›*Das Römische Carneval*‹ angekündigt, das, als einziger dieser frühen Auszüge zu Abschluß und Rundung gebracht, eine gesonderte Publikation verlangte. Bezüge zu den ›Merkur‹-Aufsätzen ergeben sich auch im ›*Römischen Carneval*‹ (›*Stundenmaß der Italiäner*‹), ja sie werden für das Thema ›*Frauenrollen auf dem Römischen Theater durch Männer gespielt*‹ durch eine ausdrückliche Referenz kenntlich gemacht. Aber auch die anderen, durch die Erfahrung ›Italien‹ und die Bedingungen des ersten nachitalienischen Jahres unmittelbar miteinander verknüpften ›Fragmente‹ verdienen in diesem Zusammenhang wieder vorgestellt zu werden; ergibt sich doch so erst ein lebendiges Bild von der Mannigfaltigkeit dessen, was sich dem soeben Heimgekehrten in der Rückschau als erstes verdichtet hat, was alles damals gleichzeitig angelegt war, ob es nun sogleich vollendet oder später in einem höheren Ganzen aufgehoben wurde, oder so, stückhaft im Ganzen, stehenblieb.

Textgrundlage für die Aufsätze I bis IX (›*Rosaliens Heiligthum*‹ bis ›*Volksgesang*‹) ist Band 12 von ›Goethe's Werken‹ (Cotta 1806-1810), Tübingen 1808, S. 53-130 (›*Über Italien. Fragmente eines Reisejournals.*‹); diesen Text hat Goethe selber revidiert (ihm geht, in Band 12, ›*Das Römische Carneval*‹ voraus, auf ihn folgt ›*Des Joseph Balsamo, genannt Cagliostro, Stammbaum*‹). Für die in diese ›Folge‹ bereits nicht mehr aufgenommenen ›Merkur‹-Aufsätze (X bis XII: ›*Naturlehre*‹/›*Antwort*‹; ›*Über die bildende Nachahmung des Schönen*‹; ›*Über Christus und die zwölf Apostel*‹) ist Textvorlage der Erstdruck (s. die Nachweise im speziellen Inhaltsverzeichnis). Die Orthographie wurde unter Wahrung des Lautstands modernisiert, die Zeichensetzung beibehalten.

I.

DAS RÖMISCHE CARNEVAL

Indem wir eine Beschreibung des Römischen Carnevals unternehmen, müssen wir den Einwurf befürchten: daß eine solche Feierlichkeit eigentlich nicht beschrieben werden könne. Eine so große lebendige Masse sinnlicher Gegenstände sollte sich unmittelbar vor dem Auge bewegen und von einem jeden nach seiner Art angeschaut und gefaßt werden.

Noch bedenklicher wird diese Einwendung, wenn wir selbst gestehen müssen: daß das Römische Carneval einem fremden Zuschauer, der es zum erstenmal sieht und nur *sehen* will und kann, weder einen ganzen noch einen erfreulichen Eindruck gebe, weder das Auge sonderlich ergötze, noch das Gemüt befriedige.

Die lange und schmale Straße, in welcher sich unzählige Menschen hin und wider wälzen, ist nicht zu übersehen; kaum unterscheidet man etwas in dem Bezirk des Getümmels, den das Auge fassen kann. Die Bewegung ist einförmig, der Lärm betäubend, das Ende der Tage unbefriedigend. Allein diese Bedenklichkeiten sind bald gehoben, wenn wir uns näher erklären; und vorzüglich wird die Frage sein: ob uns die Beschreibung selbst rechtfertigt?

Das Römische Carneval ist ein Fest, das dem Volke eigentlich *nicht gegeben wird, sondern das sich das Volk selbst gibt.*

Der Staat macht wenig Anstalten, wenig Aufwand dazu. Der Kreis der Freuden bewegt sich von selbst, und die Polizei regiert ihn nur mit gelinder Hand.

Hier ist nicht ein Fest, das wie die vielen geistlichen Feste Roms die Augen der Zuschauer blendete; hier ist kein Feuerwerk, das von dem Castell Sanct Angelo einen einzigen überraschenden Anblick gewährte; hier ist keine Erleuchtung der Peterskirche und Kuppel, welche so viel Fremde aus allen Landen herbeilockt und befriedigt; hier ist keine glänzende Prozession, bei deren Annäherung das Volk beten und staunen soll; hier wird vielmehr nur ein Zeichen gegeben, daß jeder so töricht und toll sein dürfe, als er wolle, und daß außer Schlägen und Messerstichen fast alles erlaubt sei.

Der Unterschied zwischen Hohen und Niedern scheint einen Augenblick aufgehoben: alles nähert sich einander, jeder nimmt was ihm begegnet leicht auf, und die wechselseitige Frechheit und Freiheit wird durch eine allgemeine gute Laune im Gleichgewicht erhalten.

In diesen Tagen freuet sich der Römer noch zu unsern Zeiten, daß die Geburt Christi das Fest der Saturnalien und seiner Privilegien wohl um einige Wochen verschieben, aber nicht aufheben konnte.

Wir werden uns bemühen, die Freuden und den Taumel dieser Tage vor die Einbildungskraft unserer Leser zu bringen [, wir hoffen, durch Hilfe der beigefügten Kupfer unsern Endzweck leichter zu erreichen, und zu mancherlei Betrachtungen Anlaß zu geben.]

Auch schmeicheln wir uns, solchen Personen zu dienen, welche dem Römischen Carneval selbst einmal beigewohnt und sich nun mit einer lebhaften Erinnerung jener Zeiten vergnügen mögen; nicht weniger solchen, welchen jene Reise noch bevorsteht und denen diese wenigen Blätter Übersicht und Genuß einer überdrängten und vorbeirauschenden Freude verschaffen können.

Der Corso.

Das Römische Carneval versammelt sich in dem Corso. Diese Straße beschränkt und bestimmt die öffentliche Feierlichkeit dieser Tage. An jedem andern Platz würde es ein ander Fest sein; und wir haben daher vor allen Dingen den Corso zu beschreiben.

Er führt den Namen, wie mehrere lange Straßen italienischer Städte, von dem Wettrennen der Pferde, womit zu Rom sich jeder Carnevalsabend schließt, und womit an andern Orten andere Feierlichkeiten, als das Fest eines Schutzpatrons, ein Kirchweihfest geendigt werden.

Die Straße geht von der Piazza del Popolo schnurgerade bis an den venezianischen Palast. Sie ist ungefähr viertehalbtausend Schritte lang und von hohen, meistenteils prächtigen Gebäuden eingefaßt. Ihre Breite ist gegen ihre Länge und gegen die Höhe der Gebäude nicht verhältnismäßig. An beiden Seiten nehmen Pflastererhöhungen für die Fußgänger ungefähr sechs bis acht Fuß weg. In der Mitte bleibt für die Wagen an den meisten Orten nur der Raum von zwölf bis vierzehn Schritten, und man sieht also leicht, daß höchstens drei Fuhrwerke sich in dieser Breite nebeneinander bewegen können.

Der Obelisk auf der Piazza del Popolo ist im Carneval die unterste Grenze dieser Straße; der venezianische Palast die obere.

Spazierfahrt im Corso.

Schon alle Sonn- und Festtage eines Jahres ist der römische Corso belebt. Die vornehmern und reichern Römer fahren hier eine oder anderthalb Stunden vor Nacht in einer sehr zahlreichen Reihe spazieren; die Wagen kommen vom venezianischen Palast herunter, halten sich an der linken Seite, fahren, wenn es schön Wetter ist, an dem Obelisk vorbei, zum Tore hinaus und auf den Flaminischen Weg, manchmal bis Ponte molle.

Die früher oder später Umkehrenden halten sich an die andere Seite; so ziehen die beiden Wagenreihen in der besten Ordnung aneinander hin.

Die Gesandten haben das Recht, zwischen beiden Reihen auf und nieder zu fahren. Dem Prätendenten, der sich unter dem Namen eines Herzogs von Albanien in Rom aufhielt, war es gleichfalls zugestanden.

Sobald die Nacht eingeläutet wird, ist diese Ordnung unterbrochen; jeder wendet, wo es ihm beliebt, und sucht seinen nächsten Weg, oft zur Unbequemlichkeit vieler andern Equipagen, welche in dem engen Raum dadurch gehindert und aufgehalten werden.

Diese Abendspazierfahrt, welche in allen großen italienischen Städten brillant ist und in jeder kleinen Stadt, wäre es auch nur mit einigen Kutschen, nachgeahmt wird, lockt viele Fußgänger in den Corso; jedermann kommt, um zu sehen oder gesehen zu werden.

Das Carneval ist, wie wir bald bemerken können, eigentlich nur eine Fortsetzung oder vielmehr der Gipfel jener gewöhnlichen sonn- und festtägigen Freuden; es ist nichts Neues, nichts Fremdes, nichts Einziges, sondern es schließt sich nur an die römische Lebensweise ganz natürlich an.

Klima, geistliche Kleidungen.

Ebensowenig fremd wird es uns scheinen, wenn wir nun bald eine Menge Masken in freier Luft sehen, da wir so manche Lebensszene unter dem heitern frohen Himmel das ganze Jahr durch zu erblicken gewohnt sind.

Bei einem jeden Feste bilden ausgehängte Teppiche, gestreute Blumen, übergespannte Tücher die Straßen gleichsam zu großen Sälen und Galerien um.

Keine Leiche wird ohne vermummte Begleitung der Brüderschaften zu Grabe gebracht; die vielen Mönchskleidungen gewöhnen das Auge an fremde und sonderbare Gestalten; es scheint das ganze Jahr Carneval zu sein, und die Abbaten in schwarzer Kleidung scheinen unter den übrigen geistlichen Masken die edlern Tabarros vorzustellen.

Erste Zeit.

Schon von dem neuen Jahre an sind die Schauspielhäuser eröffnet, und das Carneval hat seinen Anfang genommen. Man sieht hie und da in den Logen eine Schöne, welche als Offizier ihre Epauletten mit größter Selbstzufriedenheit dem Volke zeigt. Die Spazierfahrt im Corso wird zahlreicher; doch die allgemeine Erwartung ist auf die letzten acht Tage gerichtet.

Vorbereitungen auf die letzten Tage.

Mancherlei Vorbereitungen verkündigen dem Publikum diese paradiesischen Stunden.

Der Corso, eine von den wenigen Straßen in Rom, welche das ganze Jahr rein gehalten werden, wird nun sorgfältiger gekehrt und gereiniget. Man ist beschäftigt, das schöne, aus kleinen, viereckig zugehauenen, ziemlich gleichen Basaltstücken zusammengesetzte Pflaster, wo es nur einigermaßen abzuweichen scheint, auszuheben und die Basaltkeile wieder neu instand zu setzen.

Außer diesem zeigen sich auch lebendige Vorboten. Jeder Carnevalsabend schließt sich, wie wir schon erwähnt haben, mit einem Wettrennen. Die Pferde, welche man zu diesem Endzweck unterhält, sind meistenteils klein und werden, wegen fremder Herkunft der besten unter ihnen, Barberi genennt.

Ein solches Pferdchen wird mit einer Decke von weißer Leinwand, welche am Kopf, Hals und Leib genau anschließt und auf den Nähten mit bunten Bändern besetzt ist, vor dem Obelisk an die Stelle gebracht, wo es in der Folge auslaufen soll. Man gewöhnt es, den Kopf gegen den Corso gerichtet, eine Zeitlang still zu stehen, führt es alsdann sachte die Straße hin und gibt ihm oben am venezianischen Palast ein wenig Hafer, damit es ein Interesse empfinde, seine Bahn desto geschwinder zu durchlaufen.

Da diese Übung mit den meisten Pferden, deren oft funfzehn bis zwanzig an der Zahl sind, wiederholt, und eine solche Promenade immer von einer Anzahl lustig schreiender Knaben begleitet wird, so gibt es schon einen Vorschmack von einem größern Lärm und Jubel, der bald folgen soll.

Ehemals nährten die ersten römischen Häuser dergleichen Pferde in ihren Marställen; man schätzte sich es zur Ehre, wenn ein solches den Preis davon tragen konnte. Es wurden Wetten angestellt, und der Sieg durch ein Gastmahl verherrlicht.

In den letzten Zeiten hingegen hat diese Liebhaberei sehr abgenommen, und der Wunsch, durch seine Pferde Ruhm zu erlangen, ist in die mittlere, ja in die unterste Klasse des Volks herabgestiegen.

Aus jenen Zeiten mag sich noch die Gewohnheit herschreiben, daß der Trupp Reiter, welcher, von Trompetern begleitet, in diesen Tagen die Preise in ganz Rom herumzeigt, in die Häuser der Vornehmen hineinreitet und nach einem geblasenen Trompeterstückchen ein Trinkgeld empfängt.

Der Preis bestehet aus einem etwa drittehalb Ellen langen und nicht gar eine Elle breiten Stück Gold- oder

Silberstoff, das an einer bunten Stange wie eine Flagge befestigt schwebt und an dessen unterm Ende das Bild einiger rennenden Pferde quer eingewirkt ist.

Es wird dieser Preis Palio genannt, und so viel Tage das Carneval dauert, so viele solcher Quasi-Standarten werden von dem erst erwähnten Zug durch die Straßen von Rom aufgezeigt.

Inzwischen fängt auch der Corso an, seine Gestalt zu verändern; der Obelisk wird nun die Grenze der Straße. Vor demselben wird ein Gerüste mit vielen Sitzreihen übereinander aufgeschlagen, welches gerade in den Corso hineinsieht. Vor dem Gerüste werden die Schranken errichtet, zwischen welche man künftig die Pferde zum Ablaufen bringen soll.

An beiden Seiten werden ferner große Gerüste gebaut, welche sich an die ersten Häuser des Corso anschließen und auf diese Weise die Straße in den Platz herein verlängern. An beiden Seiten der Schranken stehen kleine, erhöhte und bedeckte Bogen für die Personen, welche das Ablaufen der Pferde regulieren sollen.

Den Corso hinauf sieht man vor manchen Häusern ebenfalls Gerüste aufgerichtet. Die Plätze von Sanct Carlo und der Antoninischen Säule werden durch Schranken von der Straße abgesondert, und alles bezeichnet genug, daß die ganze Feierlichkeit sich in dem *langen und schmalen Corso* einschränken solle und werde.

Zuletzt wird die Straße in der Mitte mit Puzzolane bestreut, damit die wettrennenden Pferde auf dem glatten Pflaster nicht so leicht ausgleiten mögen.

Signal der vollkommnen Carnevalsfreiheit.

So findet die Erwartung sich jeden Tag genährt und beschäftigt, bis endlich eine Glocke vom Capitol, bald nach Mittage, das Zeichen gibt, es sei erlaubt, unter freiem Himmel töricht zu sein.

In diesem Augenblick legt der ernsthafte Römer, der sich das ganze Jahr sorgfältig vor jedem Fehltritt hütet, seinen Ernst und seine Bedächtigkeit auf einmal ab.

Die Pflasterer, die bis zum letzten Augenblicke geklappert haben, packen ihr Werkzeug auf und machen der Arbeit scherzend ein Ende. Alle Balkone, alle Fenster werden nach und nach mit Teppichen behängt, auf den Pflastererhöhungen zu beiden Seiten der Straße werden Stühle herausgesetzt, die geringern Hausbewohner, alle Kinder sind auf der Straße, die nun aufhört eine Straße zu sein; sie gleicht vielmehr einem großen Festsaal, einer ungeheuren ausgeschmückten Galerie.

Denn wie alle Fenster mit Teppichen behängt sind, so stehen auch alle Gerüste mit alten gewirkten Tapeten beschlagen; die vielen Stühle vermehren den Begriff von Zimmer, und der freundliche Himmel erinnert selten, daß man ohne Dach sei.

So scheint die Straße nach und nach immer wohnbarer. Indem man aus dem Hause tritt, glaubt man nicht im Freien und unter Fremden, sondern in einem Saale unter Bekannten zu sein.

Wache.

Indessen daß der Corso immer belebter wird, und unter den vielen Personen, die in ihren gewöhnlichen Kleidern spazieren, sich hier und da ein Pulcinell zeigt, hat sich das Militär vor der Porta del Popolo versammelt. Es zieht, angeführt von dem General zu Pferde, in guter Ordnung und neuer Montur mit klingendem Spiel den Corso herauf und besetzt sogleich alle Eingänge in denselben, errichtet ein paar Wachen auf den Hauptplätzen und übernimmt die Sorge für die Ordnung der ganzen Anstalt.

Die Verleiher der Stühle und Gerüste rufen nun emsig den Vorbeigehenden an: Luoghi! Luoghi, Padroni! Luoghi!

Masken.

Nun fangen die Masken an sich zu vermehren. Junge Männer, geputzt in Festtagskleidern der Weiber aus der untersten Klasse, mit entblößtem Busen und frecher Selbstgenügsamkeit, lassen sich meist zuerst sehen. Sie liebkosen die begegnenden Männer, tun gemein und vertraut mit den Weibern als mit ihresgleichen, treiben sonst, was ihnen Laune, Witz oder Unart eingeben.

Wir erinnern uns unter andern eines jungen Menschen, der die Rolle einer leidenschaftlichen, zanksüchtigen und auf keine Weise zu beruhigenden Frau vortrefflich spielte und so sich den ganzen Corso hinabzankte, jedem etwas anhängte, indes seine Begleiter sich alle Mühe zu geben schienen, ihn zu besänftigen.

Hier kommt ein Pulcinell gelaufen, dem ein großes Horn an bunten Schnüren um die Hüften gaukelt. Durch eine geringe Bewegung, indem er sich mit den Weibern unterhält, weiß er die Gestalt des alten Gottes der Gärten in dem heiligen Rom kecklich nachzuahmen, und seine Leichtfertigkeit erregt mehr Lust als Unwillen. Hier kommt ein anderer seinesgleichen [Tab. I. Fig. 2.3.], der, bescheidner und zufriedner, seine schöne Hälfte mit sich bringt.

Da die Frauen ebensoviel Lust haben, sich in Mannskleidern zu zeigen, als die Männer sich in Frauenkleidern sehen zu lassen, so haben sie die beliebte Tracht des Pulcinells sich anzupassen nicht verfehlt, und man muß bekennen, daß es ihnen gelingt, in dieser Zwittergestalt oft höchst reizend zu sein.

Mit schnellen Schritten, deklamierend, wie vor Gericht, drängt sich ein Advokat [Tab. I. Fig. 1.] durch die Menge; er schreit an die Fenster hinauf, packt maskierte und unmaskierte Spaziergänger an, droht einem jeden mit einem Prozeß, macht bald jenem eine lange Geschichtserzählung von lächerlichen Verbrechen, die er begangen haben soll, bald diesem eine genaue Spezifikation seiner Schulden. Die Frauen schilt er wegen ihrer Cicisbeen, die Mädchen wegen ihrer Liebhaber; er beruft sich auf ein Buch, das er bei sich führt, produziert Dokumente, und das alles mit einer durchdringenden Stimme und geläufigen Zunge. Er sucht jedermann zu beschämen und konfus zu machen. Wenn man denkt, er höre auf, so fängt er erst recht an; denkt man, er gehe weg, so kehrt er um; auf den einen geht er gerade los und spricht ihn nicht an, er packt einen andern, der schon vorbei ist; kommt nun gar ein Mitbruder ihm entgegen, so erreicht die Tollheit ihren höchsten Grad.

Aber lange können sie die Aufmerksamkeit des Publikums nicht auf sich ziehen; der tollste Eindruck wird gleich von Menge und Mannigfaltigkeit wieder verschlungen.

Besonders machen die Quacqueri [Tab. III. Fig. 3., Tab. IV. Fig. 3.] zwar nicht so viel Lärm, doch ebensoviel Aufsehen als die Advokaten. Die Maske der Quacqueri scheint so allgemein geworden zu sein durch die Leichtigkeit, auf dem Trödel altfränkische Kleidungsstücke finden zu können.

Die Haupterfordernisse dieser Maske sind: daß die Kleidung zwar altfränkisch, aber wohlerhalten und von edlem Stoff sei. Man sieht sie selten anders als mit Samt oder Seide bekleidet, sie tragen brokatene oder gestickte Westen, und der Natur nach muß der Quacquero dickleibig sein; seine Gesichtsmaske ist ganz, mit Pausbacken und kleinen Augen; seine Perücke hat wunderliche Zöpfchen; sein Hut ist klein und meistens bordiert.

Man siehet, daß sich diese Figur sehr dem Buffo caricato der komischen Oper nähert, und wie dieser meistenteils einen läppischen, verliebten, betrogenen Toren vorstellt, so zeigen sich auch diese als abgeschmackte Stutzer. Sie hüpfen mit großer Leichtigkeit auf den Zehen hin und her, führen große schwarze Ringe ohne Glas statt der Lorgnetten, womit sie in alle Wagen hineingucken, nach allen Fenstern hinaufblikken. Sie machen gewöhnlich einen steifen tiefen Bückling, und ihre Freude, besonders wenn sie sich einander begegnen, geben sie dadurch zu erkennen, daß sie mit gleichen Füßen mehrmals gerade in die Höhe hüpfen und einen hellen, durchdringenden, unartikulierten Laut von sich geben, der mit den Konsonanten *brr* verbunden ist.

Oft geben sie sich durch diesen Ton das Zeichen, und die nächsten erwidern das Signal, so daß in kurzer Zeit dieses Geschrille den ganzen Corso hin- und widerläuft.

Mutwillige Knaben blasen indes in große gewundne Muscheln und beleidigen das Ohr mit unerträglichen Tönen.

Man sieht bald, daß bei der Enge des Raums, bei der Ähnlichkeit so vieler Maskenkleidungen (denn es mögen immer einige hundert Pulcinelle und gegen hundert Quacqueri im Corso auf- und niederlaufen) wenige die Absicht haben können, Aufsehn zu erregen oder bemerkt zu werden. Auch müssen diese früh genug im Corso erscheinen. Vielmehr geht ein jeder nur aus, sich zu vergnügen, seine Tollheit auszulassen und der Freiheit dieser Tage auf das beste zu genießen.

Besonders suchen und wissen die Mädchen und Frauen sich in dieser Zeit nach ihrer Art lustig zu machen. Jede sucht nur aus dem Hause zu kommen, sich, auf welche Art es sei, zu vermummen, und weil die wenigsten in dem Fall sind, viel Geld aufwenden zu können, so sind sie erfinderisch genug, allerlei Arten auszudenken, wie sie sich mehr verstecken als zieren.

[Die meisten Masken, deren Abbildung wir liefern, sind aus diesem Gesichtspunkte anzusehen.] Sehr leicht sind die Masken von Bettlern und Bettlerinnen [Tab.

III. Fig. 1. 2.] zu schaffen; schöne Haare werden vorzüglich erfordert, dann eine ganz weiße Gesichtsmaske, ein irdenes Töpfchen an einem farbigen Bande, einen Stab und einen Hut in der Hand. Sie treten mit demütiger Gebärde unter die Fenster und vor jeden hin und empfangen statt Almosen Zuckerwerk, Nüsse und was man ihnen sonst Artiges geben mag.

Andere machen sich es noch bequemer, hüllen sich in Pelze [Tab. VII. Fig. 2.] oder erscheinen in einer artigen Haustracht [Tab. VII. Fig. 1.] nur mit Gesichtsmasken. Sie gehen meistenteils ohne Männer und führen als Off- und Defensivwaffe ein Besenchen aus der Blüte eines Rohrs gebunden, womit sie teils die Überlästigen abwehren, teils auch, mutwillig genug, Bekannten und Unbekannten, die ihnen ohne Masken entgegen kommen, im Gesicht herumfahren.

Wenn einer, auf den sie es gemünzt haben, zwischen vier oder fünf solcher Mädchen hineinkommt, weiß er sich nicht zu retten. Das Gedränge hindert ihn zu fliehen, und wo er sich hinwendet, fühlt er die Besenchen unter der Nase. Sich ernstlich gegen diese oder andere Neckereien zu wehren, würde sehr gefährlich sein, weil die Masken unverletzlich sind, und jede Wache ihnen beizustehen beordert ist.

Ebenso müssen die gewöhnlichen Kleidungen aller Stände als Masken dienen. Stallknechte mit ihren großen Bürsten kommen, einem jeden, wenn es ihnen beliebt, den Rücken auszukehren. Vetturine bieten ihre Dienste mit ihrer gewöhnlichen Zudringlichkeit an. Zierlicher sind die Masken der Landmädchen [Tab. X. Fig. 1.], Fraskatanerinnen [Tab. IX. Fig. 2.], Fischer

[Tab. IX. Fig. 1.], Neapolitaner Schiffer [Tab. X. Fig. 2.], Neapolitanischer Sbirren [Tab. II. Fig. 1.], Griechen [Tab. XI. Fig. 2.] [, welche hier einem franzisierten Griechen (Tab. XI. Fig. 1.) begegnen].

Manchmal wird eine Maske vom Theater nachgeahmt [, wie hier das kastilianische Paar (Tab. XII. Fig. 1. 2.)]. Einige machen sichs sehr bequem, indem sie sich in Teppiche [Tab. VI. Fig. 1.] oder Leintücher hüllen, die sie über dem Kopfe zusammenbinden.

Die weiße Gestalt [Tab. VI. Fig. 4.] pflegt gewöhnlich andern in den Weg zu treten und vor ihnen zu hüpfen, und glaubt auf diese Weise ein Gespenst vorzustellen. Einige zeichnen sich durch sonderbare Zusammensetzungen aus [Tab. VI. Fig. 3.], und der Tabarro [Tab. V. Fig. 2. Tab. VI. Fig. 2.] wird immer für die edelste Maske gehalten, weil sie sich gar nicht auszeichnet.

Witzige und satirische Masken sind sehr selten, weil diese schon Endzweck haben und bemerkt sein wollen. Doch sah man einen Pulcinell als Hahnrei [Tab. IV. Fig. 1.]. Die Hörner waren beweglich, er konnte sie wie eine Schnecke heraus- und hineinziehen. Wenn er unter ein Fenster vor neu Verheiratete trat und Ein Horn nur wenig sehen ließ, oder vor einem andern beide Hörner recht lang streckte und die an den obern Spitzen befestigten Schellen recht wacker klingelten, entstand auf Augenblicke eine heitere Aufmerksamkeit des Publikums und manchmal ein großes Gelächter.

Ein Zauberer mischt sich unter die Menge, läßt das Volk ein Buch mit Zahlen sehn und erinnert es an seine Leidenschaft zum Lottospiel.

Mit zwei Gesichtern [Tab.VII. Fig. 1.] steckt einer im

Gedränge, man weiß nicht, welches sein Vorderteil, welches sein Hinterteil ist, ob er kommt, ob er geht.

Der Fremde muß sich auch gefallen lassen, in diesen Tagen verspottet zu werden. Die langen Kleider der Nordländer, die großen Knöpfe, die wunderlichen runden Hüte fallen den Römern auf, und so wird ihnen der Fremde [Tab. V. Fig. 1.] eine Maske.

Weil die fremden Maler, besonders die, welche Landschaften und Gebäude studieren, in Rom überall öffentlich sitzen und zeichnen, so werden sie auch unter der Carnevalsmenge emsig vorgestellt und zeigen sich mit großen Portefeuillen, langen Surtouts und kolossalischen Reißfedern sehr geschäftig.

Die deutschen Bäckerknechte [Tab. V. Fig. 1.] zeichnen sich in Rom gar oft betrunken aus, und sie werden auch mit einer Flasche Wein in ihrer eigentlichen oder auch etwas verzierten Tracht taumelnd vorgestellt.

Wir erinnern uns einer einzigen anzüglichen Maske.

Es sollte ein Obelisk vor der Kirche Trinità de' Monti aufgerichtet werden. Das Publikum war nicht sehr damit zufrieden, teils weil der Platz eng ist, teils weil man dem kleinen Obelisk, um ihn in eine gewisse Höhe zu bringen, ein sehr hohes Piedestal unterbauen mußte. Es nahm daher einer den Anlaß, ein großes weißes Piedestal als Mütze zu tragen, auf welchem oben ein ganz kleiner rötlicher Obelisk befestigt war. An dem Piedestal standen große Buchstaben, deren Sinn vielleicht nur wenige errieten.

Kutschen.

Indessen die Masken sich vermehren, fahren die Kutschen nach und nach in den Corso hinein, in derselben Ordnung, wie wir sie oben beschrieben haben, als von der sonn- und festtägigen Spazierfahrt die Rede war, nur mit dem Unterschied, daß gegenwärtig die Fuhrwerke, welche vom venezianischen Palast an der linken Seite herunterfahren, da, wo die Straße des Corso aufhört, wenden und sogleich an der andern Seite wieder herauffahren.

Wir haben schon oben angezeigt, daß die Straße, wenn man die Erhöhungen für die Fußgänger abrechnet, an den meisten Orten wenig über drei Wagenbreiten hat.

Die Seitenerhöhungen sind alle mit Gerüsten versperrt, mit Stühlen besetzt, und viele Zuschauer haben schon ihre Plätze eingenommen. An Gerüsten und Stühlen geht ganz nahe eine Wagenreihe hinunter und an der andern Seite hinauf. Die Fußgänger sind in eine Breite von höchstens acht Fuß zwischen den beiden Reihen eingeschlossen; jeder drängt sich hin- und herwärts, so gut er kann, und von allen Fenstern und Balkonen sieht wieder eine gedrängte Menge auf das Gedränge herunter.

In den ersten Tagen sieht man meist nur die gewöhnlichen Equipagen; denn jeder verspart auf die folgenden, was er Zierliches oder Prächtiges allenfalls aufführen will. Gegen Ende des Carnevals kommen mehr offene Wagen zum Vorschein, deren einige sechs Sitze haben: zwei Damen sitzen erhöht gegen einander über, so daß man ihre ganze Gestalt sehen kann, vier Herren nehmen die vier übrigen Sitze der Winkel ein, Kutscher und Bediente sind maskiert, die Pferde mit Flor und Blumen geputzt.

Oft steht ein schöner, weißer, mit rosenfarbnen Bändern gezierter Pudel dem Kutscher zwischen den Füßen, an dem Geschirre klingen Schellen, und die Aufmerksamkeit des Publikums wird einige Augenblicke auf diesen Aufzug geheftet.

Man kann leicht denken, daß nur schöne Frauen sich so vor dem ganzen Volke zu erhöhen wagen, und daß nur die Schönste ohne Gesichtsmaske sich sehen läßt. Wo sich denn aber auch der Wagen nähert, der gewöhnlich langsam fahren muß, sind alle Augen darauf gerichtet, und sie hat die Freude von manchen Seiten zu hören: O quanto è bella!

Ehemals sollen diese Prachtwagen weit häufiger und kostbarer, auch durch mythologische und allegorische Vorstellungen interessanter gewesen sein; neuerdings aber scheinen die Vornehmern, es sei nun aus welchem Grunde es wolle, verloren in dem Ganzen, das Vergnügen, das sie noch bei dieser Feierlichkeit finden, mehr genießen, als sich vor andern auszeichnen zu wollen.

Je weiter das Carneval vorrückt, desto lustiger sehen die Equipagen aus.

Selbst ernsthafte Personen, welche unmaskiert in den Wagen sitzen, erlauben ihren Kutschern und Bedienten sich zu maskieren. Die Kutscher wählen meistenteils die Frauentracht, und in den letzten Tagen scheinen nur Weiber die Pferde zu regieren. Sie sind oft anständig, ja reizend gekleidet; dagegen macht denn auch ein breiter häßlicher Kerl, in völlig neumodischem Putz, mit hoher Frisur und Federn, eine große Karikatur; und wie jene Schönheiten ihr Lob zu hören hatten, so muß er sich gefallen lassen, daß ihm einer unter die Nase tritt und ihm zuruft: O fratello mio, che brutta puttana sei!

Gewöhnlich erzeigt der Kutscher einer oder einem Paar seiner Freundinnen den Dienst, wenn er sie im Gedränge antrifft, sie auf den Bock zu heben. Diese sitzen denn gewöhnlich in Mannstracht an seiner Seite, und oft gaukeln dann die niedlichen Pulcinellbeinchen mit kleinen Füßchen und hohen Absätzen den Vorübergehenden um die Köpfe.

Ebenso machen es die Bedienten und nehmen ihre Freunde und Freundinnen hinten auf den Wagen, und es fehlt nichts, als daß sie sich noch, wie auf die englischen Landkutschen, oben auf den Kasten setzten.

Die Herrschaften selbst scheinen es gerne zu sehen, wenn ihre Wagen recht bepackt sind; alles ist in diesen Tagen vergönnt und schicklich.

Gedränge.

Man werfe nun einen Blick über die lange und schmale Straße, wo von allen Balkonen und aus allen Fenstern, über lang herabhängende bunte Teppiche, gedrängte Zuschauer auf die mit Zuschauern angefüllten Gerüste, auf die langen Reihen besetzter Stühle an beiden Seiten der Straße herunterschauen. Zwei Reihen Kutschen bewegen sich langsam in dem mittlern Raum, und der

Platz, den allenfalls eine dritte Kutsche einnehmen könnte, ist ganz mit Menschen ausgefüllt, welche nicht hin und wider gehen, sondern sich hin und wider schieben. Da die Kutschen, so lang als es nur möglich ist, sich immer ein wenig voneinander abhalten, um nicht bei jeder Stockung gleich aufeinander zu fahren, so wagen sich viele der Fußgänger, um nur einigermaßen Luft zu schöpfen, aus dem Gedränge der Mitte zwischen die Räder des vorausfahrenden und die Deichsel und Pferde des nachfahrenden Wagens, und je größer die Gefahr und Beschwerlichkeit der Fußgänger wird, desto mehr scheint ihre Laune und Kühnheit zu steigen.

Da die meisten Fußgänger, welche zwischen den beiden Kutschenreihen sich bewegen, um ihre Glieder und Kleidungen zu schonen, die Räder und Achsen sorgfältig vermeiden, so lassen sie gewöhnlich mehr Platz zwischen sich und den Wagen, als nötig ist; wer nun mit der langsamen Masse sich fortzubewegen nicht länger ausstehen mag und Mut hat, zwischen den Rädern und Fußgängern, zwischen der Gefahr und dem, der sich davor fürchtet, durchzuschlüpfen, der kann in kurzer Zeit einen großen Weg zurücklegen, bis er sich wieder durch ein ander Hindernis aufgehalten sieht.

Schon gegenwärtig scheint unsere Erzählung außer den Grenzen des Glaubwürdigen zu schreiten, und wir würden kaum wagen fortzufahren, wenn nicht so viele, die dem Römischen Carneval beigewohnt, bezeugen könnten, daß wir uns genau an der Wahrheit gehalten, und wenn es nicht ein Fest wäre, das sich jährlich wiederholt und das von manchem mit diesem Buche in der Hand künftig betrachtet werden wird.

Denn was werden unsere Leser sagen, wenn wir ihnen erklären, alles bisher Erzählte sei nur gleichsam der erste Grad des Gedränges, des Getümmels, des Lärmens und der Ausgelassenheit.

Zug des Gouverneurs und Senators.

Indem die Kutschen sachte vorwärts rücken und, wenn es eine Stockung gibt, stille halten, werden die Fußgänger auf mancherlei Weise geplagt.

Einzeln reitet die Garde des Papstes durch das Gedränge hin und wider, um die zufälligen Unordnungen und Stockungen der Wagen ins Geleis zu bringen, und indem einer den Kutschpferden ausweicht, fühlt er, ehe er sichs versieht, den Kopf eines Reitpferdes im Nacken; allein es folgt eine größere Unbequemlichkeit.

Der Gouverneur fährt in einem großen Staatswagen mit einem Gefolge von mehreren Kutschen durch die Mitte zwischen den beiden Reihen der übrigen Wagen durch. Die Garde des Papstes und die vorausgehenden Bedienten warnen und machen Platz, und dieser Zug nimmt für den Augenblick die ganze Breite ein, die kurz vorher den Fußgängern noch übrig blieb. Sie drängen sich, so gut sie können, zwischen die übrigen Wagen hinein und auf eine oder die andere Weise beiseite. Und wie das Wasser, wenn ein Schiff durchfährt, sich nur einen Augenblick trennt und hinter dem Steuerruder gleich wieder zusammenstürzt, so strömt auch die Masse der Masken und der übrigen Fußgänger hinter dem Zuge gleich wieder in Eins zusammen. Nicht lange, so stört eine neue Bewegung die gedrängte Gesellschaft.

Der Senator rückt mit einem ähnlichen Zuge heran; sein großer Staatswagen und die Wagen seines Gefolgs schwimmen wie auf den Köpfen der erdrückten Menge, und wenn jeder Einheimische und Fremde von der Liebenswürdigkeit des gegenwärtigen Senators, des Prinzen Rezzonico, eingenommen und bezaubert wird, so ist vielleicht dieses der einzige Fall, wo eine Masse von Menschen sich glücklich preist, wenn er sich entfernt.

Wenn diese beiden Züge der ersten Gerichts- und Polizeiherren von Rom, nur um das Carneval feierlich zu eröffnen, den ersten Tag durch den Corso gedrungen waren, fuhr der Herzog von Albanien täglich, zu großer Unbequemlichkeit der Menge, gleichfalls diesen Weg und erinnerte zur Zeit der allgemeinen Mummerei die alte Beherrscherin der Könige an das Fastnachtsspiel seiner königlichen Prätensionen.

Die Gesandten, welche das gleiche Recht haben, bedienen sich dessen sparsam und mit einer humanen Diskretion.

Schöne Welt am Palast Ruspoli.

Aber nicht allein durch diese Züge wird die Zirkulation des Corso unterbrochen und gehindert; am Palast Ruspoli und in dessen Nähe, wo die Straße um nichts breiter wird, sind die Pflasterwege an beiden Seiten mehr erhöht. Dort nimmt die schöne Welt ihren Platz, und alle Stühle sind bald besetzt oder besprochen. Die schönsten Frauenzimmer der Mittelklasse, reizend maskiert, umgeben von ihren Freunden, zeigen sich dort dem vorübergehenden neugierigen Auge. Jeder, der in die Gegend kommt, verweilt, um die angenehmen Reihen zu durchschauen; jeder ist neugierig, unter den vielen männlichen Gestalten, die dort zu sitzen scheinen, die weiblichen herauszusuchen und vielleicht in einem niedlichen Offizier den Gegenstand seiner Sehnsucht zu entdecken. Hier an diesem Flecke stockt die Bewegung zuerst, denn die Kutschen verweilen so lange sie können in dieser Gegend, und wenn man zuletzt halten soll, will man doch lieber in dieser angenehmen Gesellschaft bleiben.

Confetti.

Wenn unsere Beschreibung bisher nur den Begriff von einem *engen, ja beinahe ängstlichen Zustande* gegeben hat, so wird sie einen noch sonderbarern Eindruck machen, wenn wir ferner erzählen, wie diese gedrängte Lustbarkeit durch eine Art von kleinem, meist scherzhaften, oft aber nur allzu ernstlichen Kriege in Bewegung gesetzt werde.

Wahrscheinlich hat einmal zufällig eine Schöne ihren vorbeigehenden guten Freund, um sich von ihm unter der Menge und Maske bemerken zu machen, mit verzuckerten Körnern angeworfen, da denn nichts natürlicher ist, als daß der Getroffene sich umkehre und die lose Freundin entdecke; dieses ist nun ein allgemeiner

Gebrauch, und man sieht oft nach einem Wurfe ein Paar freundliche Gesichter sich einander begegnen. Allein man ist teils zu haushälterisch, um wirkliches Zuckerwerk zu verschwenden, teils hat der Mißbrauch desselben einen größern und wohlfeilern Vorrat nötig gemacht.

Es ist nun ein eignes Gewerbe, Gipszeltlein, durch den Trichter gemacht, die den Schein von Dragéen haben, in großen Körben zum Verkauf mitten durch die Menge zu tragen.

Niemand ist vor einem Angriff sicher; jedermann ist im Verteidigungsstande, und so entsteht aus Mutwillen oder Notwendigkeit bald hier bald da ein Zweikampf, ein Scharmützel oder eine Schlacht. Fußgänger, Kutschenfahrer, Zuschauer aus Fenstern, von Gerüsten oder Stühlen greifen einander wechselsweise an und verteidigen sich wechselsweise.

Die Damen haben vergoldete und versilberte Körbchen voll dieser Körner, und die Begleiter wissen ihre Schönen sehr wacker zu verteidigen. Mit niedergelassenen Kutschenfenstern erwartet man den Angriff, man scherzt mit seinen Freunden und wehrt sich hartnäckig gegen Unbekannte.

Nirgends aber wird dieser Streit ernstlicher und allgemeiner als in der Gegend des Palasts Ruspoli. Alle Masken, die sich dort niedergelassen haben, sind mit Körbchen, Säckchen, zusammengebundnen Schnupftüchern versehen. Sie greifen öfter an, als sie angegriffen werden; keine Kutsche fährt ungestraft vorbei, ohne daß ihr nicht wenigstens einige Masken etwas anhängen. Kein Fußgänger ist vor ihnen sicher; besonders wenn sich ein Abbate im schwarzen Rocke sehen läßt, werfen alle von allen Seiten auf ihn, und weil Gips und Kreide, wohin sie treffen, abfärben, so sieht ein solcher bald über und über weiß und grau punktiert aus. Oft aber werden die Händel sehr ernsthaft und allgemein, und man sieht mit Erstaunen, wie Eifersucht und persönlicher Haß sich freien Lauf lassen.

Unbemerkt schleicht sich eine vermummte Figur heran und trifft mit einer Hand voll Confetti eine der ersten Schönheiten so heftig und so gerade, daß die Gesichtsmaske widerschallt, und ihr schöner Hals verletzt wird. Ihre Begleiter zu beiden Seiten werden heftig aufgereizt, aus ihren Körbchen und Säckchen stürmen sie gewaltig auf den Angreifenden los; er ist aber so gut vermummt, zu stark geharnischt, als daß er ihre wiederholten Würfe empfinden sollte. Je sicherer er ist, desto heftiger setzt er seinen Angriff fort; die Verteidiger decken das Frauenzimmer mit den Tabarros zu, und weil der Angreifende in der Heftigkeit des Streits auch die Nachbarn verletzt und überhaupt durch seine Grobheit und Ungestüm jedermann beleidigt, so nehmen die Umhersitzenden Teil an diesem Streit, sparen ihre Gipskörner nicht und haben meistenteils auf solche Fälle eine etwas größere Munition, ungefähr wie verzuckerte Mandeln, in Reserve, wodurch der Angreifende zuletzt so zugedeckt und von allen Seiten her überfallen wird, daß ihm nichts als die Retraite übrig bleibt, besonders wenn er sich verschossen haben sollte.

Gewöhnlich hat einer, der auf ein solches Abenteuer ausgeht, einen Sekundanten bei sich, der ihm Munition zusteckt, inzwischen daß die Männer, welche mit solchen Gipsconfetti handeln, während des Streits mit ihren Körben geschäftig sind und einem jeden, so viel Pfund er verlangt, eilig zuwiegen.

Wir haben selbst einen solchen Streit in der Nähe gesehn, wo zuletzt die Streitenden, aus Mangel an Munition, sich die vergoldeten Körbchen an die Köpfe warfen und sich durch die Warnungen der Wachen, welche selbst heftig mit getroffen wurden, nicht abhalten ließen.

Gewiß würde manch solcher Handel mit Messerstichen sich endigen, wenn nicht die an mehreren Ecken aufgezogenen Corden, die bekannten Strafwerkzeuge italienischer Polizei, jeden mitten in der Lustbarkeit erinnerten, daß es in diesem Augenblicke sehr gefährlich sei, sich gefährlicher Waffen zu bedienen.

Unzählig sind diese Händel und die meisten mehr lustig als ernsthaft.

So kommt z.E. ein offner Wagen voll Pulcinellen gegen Ruspoli heran. Er nimmt sich vor, indem er bei den Zuschauern vorbeifährt, alle nacheinander zu treffen; allein unglücklicherweise ist das Gedränge zu groß, und er bleibt in der Mitte stecken. Die ganze Gesellschaft wird auf einmal Eines Sinnes, und von allen Seiten hagelt es auf den Wagen los. Die Pulcinelle verschießen ihre Munition und bleiben eine gute Weile dem kreuzenden Feuer von allen Seiten ausgesetzt, so daß der Wagen am Ende ganz wie mit Schnee und Schloßen bedeckt, unter einem allgemeinen Gelächter und von Tönen des Mißbilligens begleitet, sich langsam entfernt.

Dialog am obern Ende des Corso.

Indessen in dem Mittelpunkte des Corso diese lebhaften und heftigen Spiele einen großen Teil der schönen Welt beschäftigen, findet ein anderer Teil des Publikums an dem obern Ende des Corso eine andere Art von Unterhaltung.

Unweit der französischen Akademie tritt in spanischer Tracht, mit Federhut, Degen und großen Handschuhen, unversehens mitten aus den von einem Gerüste zuschauenden Masken der sogenannte Capitano [Tab. VIII. Fig. 2.] des italienischen Theaters auf und fängt an, seine großen Taten zu Land und Wasser im emphatischen Ton zu erzählen. Es währt nicht lange, so erhebt sich gegen ihm über ein Pulcinell, bringt Zweifel und Einwendungen vor, und indem er ihm alles zuzugeben scheint, macht er die Großsprecherei jenes Helden durch Wortspiele und eingeschobene Plattheiten lächerlich.

Auch hier bleibt jeder Vorbeigehende stehen und hört dem lebhaften Wortwechsel zu.

Pulcinellen-König.

Ein neuer Aufzug vermehret oft das Gedränge. Ein Dutzend Pulcinelle tun sich zusammen, erwählen einen König, krönen ihn, geben ihm ein Szepter in die Hand, begleiten ihn mit Musik und führen ihn unter lautem Geschrei auf einem verzierten Wägelchen [Tab. XIII.]

den Corso herauf. Alle Pulcinelle springen herbei, wie der Zug vorwärts geht, vermehren das Gefolge und machen sich mit Geschrei und Schwenken der Hüte Platz.

Alsdann bemerkt man erst, wie jeder diese allgemeine Maske zu vermannigfaltigen sucht.

Der eine trägt eine Perücke, der andere eine Weiberhaube zu seinem schwarzen Gesicht, der dritte hat statt der Mütze einen Käfig auf dem Kopfe, in welchem ein Paar Vögel, als Abbate und Dame gekleidet, auf den Stängelchen hin und wider hüpfen.

Nebenstraßen.

Das entsetzliche Gedränge, das wir unsern Lesern so viel als möglich zu vergegenwärtigen gesucht haben, zwingt natürlicherweise eine Menge Masken aus dem Corso hinaus in die benachbarten Straßen. Da gehen verliebte Paare ruhiger und vertrauter zusammen, da finden lustige Gesellen Platz, allerlei tolle Schauspiele vorzustellen.

Eine Gesellschaft Männer in der Sonntagstracht des gemeinen Volkes, in kurzen Wämsern mit goldbesetzten Westen darunter, die Haare in ein lang herunterhängendes Netz gebunden, gehen mit jungen Leuten, die sich als Weiber verkleidet haben, hin und wider spazieren. Eine von den Frauen scheint hochschwanger zu sein, sie gehen friedlich auf und nieder. Auf einmal entzweien sich die Männer, es entstehet ein lebhafter Wortwechsel, die Frauen mischen sich hinein, der Handel wird immer ärger, endlich ziehen die Streitenden große Messer von versilberter Pappe und fallen einander an. Die Weiber halten sie mit gräßlichem Geschrei auseinander, man zieht den einen da-, den andern dorthin, die Umstehenden nehmen teil, als wenn es Ernst wäre, man sucht jede Partei zu besänftigen.

Indessen befindet sich die hochschwangere Frau durch den Schrecken übel; es wird ein Stuhl herbeigebracht, die übrigen Weiber stehen ihr bei, sie gebärdet sich jämmerlich, und ehe man sichs versieht, bringt sie zu großer Erlustigung der Umstehenden irgendeine unförmliche Gestalt zur Welt. Das Stück ist aus, und die Truppe zieht weiter, um dasselbe oder ein ähnliches Stück an einem andern Platze vorzustellen.

So spielt der Römer, dem die Mordgeschichten immer vor der Seele schweben, gern bei jedem Anlaß mit den Ideen von Ammazzieren. Sogar die Kinder haben ein Spiel, das sie Chiesa nennen, welches mit unserm Frischauf in allen Ecken übereinkommt, eigentlich aber einen Mörder vorstellt, der sich auf die Stufe einer Kirche geflüchtet hat; die Übrigen stellen die Sbirren vor und suchen ihn auf allerlei Weise zu fangen, ohne jedoch den Schutzort betreten zu dürfen.

So geht es denn in den Seitenstraßen, besonders der Strada Babuino und auf dem Spanischen Platze, ganz lustig zu.

Auch kommen die Quacqueri zu Scharen, um ihre Galanterien freier anzubringen.

Sie haben ein Manöver, welches jeden lachen macht. Sie kommen zu zwölf Mann hoch, ganz strack auf den Zehen, mit kleinen und schnellen Schritten anmarschiert, formieren eine sehr gerade Fronte; auf einmal, wenn sie auf einen Platz kommen, bilden sie, mit rechts oder links um, eine Kolonne und trippeln nun hintereinander weg. Auf einmal wird, mit rechts um, die Fronte wiederhergestellt, und so gehts eine Straße hinein; dann ehe man sichs versieht, wieder links um: die Kolonne ist wie an einem Spieß zu einer Haustüre hineingeschoben, und die Toren sind verschwunden.

Abend.

Nun geht es nach dem Abend zu, und alles drängt sich immer mehr in den Corso hinein. Die Bewegung der Kutschen stockt schon lange, ja es kann geschehen, daß zwei Stunden vor Nacht schon kein Wagen mehr von der Stelle kann.

Die Garde des Papstes und die Wachen zu Fuß sind nun beschäftigt, alle Wagen, so weit es möglich, von der Mitte ab und in eine ganz gerade Reihe zu bringen, und es gibt bei der Menge hier mancherlei Unordnung und Verdruß. Da wird gehuft, geschoben, gehoben, und indem einer huft, müssen alle hinter ihm auch zurückweichen, bis einer zuletzt so in die Klemme kommt, daß er mit seinen Pferden in die Mitte hineinlenken muß. Alsdann geht das Schelten der Garde, das Fluchen und Drohen der Wache an.

Vergebens daß der unglückliche Kutscher die augenscheinliche Unmöglichkeit dartut; es wird auf ihn hineingescholten und gedroht, und entweder es muß sich wieder fügen, oder wenn ein Nebengäßchen in der

Nähe ist, muß er ohne Verschulden aus der Reihe hinaus. Gewöhnlich sind die Nebengäßchen auch mit haltenden Kutschen besetzt, die zu spät kamen und, weil der Umgang der Wagen schon ins Stocken geraten war, nicht mehr einrücken konnten.

Vorbereitung zum Wettrennen.

Der Augenblick des Wettrennens der Pferde nähert sich nun immer mehr, und auf diesen Augenblick ist das Interesse so vieler tausend Menschen gespannt.

Die Verleiher der Stühle, die Unternehmer der Gerüste vermehren nun ihr anbietendes Geschrei: Luoghi! Luoghi avanti! Luoghi nobili! Luoghi, Padroni! Es ist darum zu tun, daß ihnen wenigstens in diesen letzten Augenblicken, auch gegen ein geringeres Geld, alle Plätze besetzt werden.

Und glücklich, daß hier und da noch Platz zu finden ist; denn der General reitet nunmehr mit einem Teil der Garde den Corso zwischen den beiden Reihen Kutschen herunter und verdrängt die Fußgänger von dem einzigen Raum, der ihnen noch übrig blieb. Jeder sucht alsdann noch einen Stuhl, einen Platz auf einem Gerüste, auf einer Kutsche, zwischen den Wagen oder bei Bekannten an einem Fenster zu finden, die denn nun alle von Zuschauern über und über strotzen.

Indessen ist der Platz vor dem Obelisk ganz vom Volke gereiniget worden und gewährt vielleicht einen der schönsten Anblicke, welche in der gegenwärtigen Welt gesehen werden können.

Die drei mit Teppichen behängten Fassaden der oben beschriebenen Gerüste schließen den Platz ein. Viele tausend Köpfe schauen übereinander hervor und geben das Bild eines alten Amphitheaters oder Zirkus. Über dem mittelsten Gerüste steigt die ganze Länge des Obelisken in die Luft; denn das Gerüste bedeckt nur sein Piedestal, und man bemerkt nun erst seine ungeheure Höhe, da er der Maßstab einer so großen Menschenmasse wird.

Der freie Platz läßt dem Auge eine schöne Ruhe, und man sieht die leeren Schranken mit dem vorgespannten Seile voller Erwartung.

Nun kommt der General den Corsò herab, zum Zeichen daß er gereiniget ist, und hinter ihm erlaubt die Wache niemanden, aus der Reihe der Kutschen hervorzutreten. Er nimmt auf einer der Logen Platz.

Abrennen.

Nun werden die Pferde nach geloseter Ordnung von geputzten Stallknechten in die Schranken hinter das Seil geführt. Sie haben kein Zeug noch sonst eine Bedeckung auf dem Leibe. Man heftet ihnen hier und da Stachelkugeln mit Schnüren an den Leib und bedeckt die Stelle, wo sie spornen sollen, bis zum Augenblicke mit Leder, auch klebt man ihnen große Blätter Rauschgold an. Sie sind meist schon wild und ungeduldig, wenn sie in die Schranken gebracht werden, und die Reitknechte brauchen alle Gewalt und Geschicklichkeit, um sie zurückzuhalten.

Die Begierde, den Lauf anzufangen, macht sie unbändig, die Gegenwart so vieler Menschen macht sie scheu. Sie hauen oft in die benachbarte Schranke hinüber, oft über das Seil, und diese Bewegung und Unordnung vermehrt jeden Augenblick das Interesse der Erwartung.

Die Stallknechte sind im höchsten Grad gespannt und aufmerksam, weil in dem Augenblicke des Abrennens die Geschicklichkeit des Loslassenden, sowie zufällige Umstände, zum Vorteile des einen oder des andern Pferdes entscheiden können.

Endlich fällt das Seil, und die Pferde rennen los.

Auf dem freien Platze suchen sie noch einander den Vorsprung abzugewinnen, aber wenn sie einmal in den engen Raum zwischen die beiden Reihen Kutschen hineinkommen, wird meist aller Wetteifer vergebens.

Ein paar sind gewöhnlich voraus, die alle Kräfte anstrengen. Ungeachtet der gestreuten Puzzolane gibt das Pflaster Feuer, die Mähnen fliegen, das Rauschgold rauscht, und kaum daß man sie erblickt, sind sie vorbei. Die übrige Herde hindert sich untereinander, indem sie sich drängt und treibt; spät kommt manchmal noch eins nachgesprengt, und die zerrissenen Stücke Rauschgold flattern einzeln auf der verlassenen Spur. Bald sind die Pferde allem Nachschauen verschwunden, das Volk drängt zu und füllt die Laufbahn wieder aus.

Schon warten andere Stallknechte am venezianischen Palaste auf die Ankunft der Pferde. Man weiß sie in einem eingeschlossenen Bezirk auf gute Art zu fangen und festzuhalten. Dem Sieger wird der Preis zuerkannt.

So endigt sich diese Feierlichkeit mit einem gewaltsamen, blitzschnellen, augenblicklichen Eindruck, auf den so viele tausend Menschen eine ganze Weile gespannt waren, und wenige können sich Rechenschaft geben, warum sie den Moment erwarteten, und warum sie sich daran ergötzten.

Nach der Folge unserer Beschreibung sieht man leicht ein, daß dieses Spiel den Tieren und Menschen gefährlich werden könne. Wir wollen nur einige Fälle anführen: Bei dem engen Raume zwischen den Wagen darf nur ein Hinterrad ein wenig herauswärts stehen, und zufälligerweise hinter diesem Wagen ein etwas breiterer Raum sein. Ein Pferd, das mit den andern gedrängt herbeieilt, sucht den erweiterten Raum zu nutzen, springt vor und trifft gerade auf das herausstehende Rad.

Wir haben selbst einen Fall gesehen, wo ein Pferd von einem solchen Choc niederstürzte, drei der folgenden über das erste hinausfielen, sich überschlugen, und die letzten glücklich über die gefallnen wegsprangen und ihre Reise fortsetzten.

Oft bleibt ein solches Pferd auf der Stelle tot, und mehrmals haben Zuschauer, unter solchen Umständen, ihr Leben eingebüßt. Ebenso kann ein großes Unheil entstehen, wenn die Pferde umkehren.

Es ist vorgekommen, daß boshafte neidische Menschen einem Pferde, das einen großen Vorsprung hatte, mit dem Mantel in die Augen schlugen und es dadurch umzukehren und an die Seite zu rennen zwangen. Noch schlimmer ist es, wenn die Pferde auf dem venezianischen Platze nicht glücklich aufgefangen werden; sie kehren alsdann unaufhaltsam zurück, und weil die Laufbahn vom Volke schon wieder ausgefüllt ist, richten sie manches Unheil an, das man entweder nicht erfährt oder nicht achtet.

Aufgehobne Ordnung.

Gewöhnlich laufen die Pferde mit einbrechender Nacht erst ab. Sobald sie oben bei dem venezianischen Palast angelangt sind, werden kleine Mörser gelöst; dieses Zeichen wird in der Mitte des Corso wiederholt und in der Gegend des Obelisken das letztemal gegeben.

In diesem Augenblicke verläßt die Wache ihren Posten, die Ordnung der Kutschenreihen wird nicht länger gehalten, und gewiß ist dieses selbst für den Zuschauer, der ruhig an seinem Fenster steht, ein ängstlicher und verdrießlicher Zeitpunkt, und es ist wert, daß man einige Bemerkungen darüber mache.

Wir haben schon oben gesehen, daß die Epoche der einbrechenden Nacht, welche so vieles in Italien entscheidet, auch die gewöhnlichen sonn- und festtägigen Spazierfahrten auflöset. Dort sind keine Wachen und keine Garden, es ist ein altes Herkommen, eine allgemeine Konvention, daß man in gebührender Ordnung auf- und abfahre; aber sobald Ave Maria geläutet wird, läßt sich niemand sein Recht nehmen, umzukehren, wann und wie er will. Da nun die Umfahrt im Carneval in derselben Straße und nach ähnlichen Gesetzen geschieht, obgleich hier die Menge und andere Umstände einen großen Unterschied machen, so will sich doch niemand sein Recht nehmen lassen, mit einbrechender Nacht aus der Ordnung zu lenken.

Wenn wir nun auf das ungeheure Gedränge in dem Corso zurückblicken, und die für einen Augenblick nur gereinigte Rennbahn gleich wieder mit Volk überschwemmt sehen, so scheinet uns Vernunft und Billigkeit das Gesetz einzugeben, daß eine jede Equipage nur suchen solle, in ihrer Ordnung das nächste ihr bequeme Gäßchen zu erreichen und so nach Hause zu eilen.

Allein es lenken, gleich nach abgeschoßnen Signalen, einige Wagen in die Mitte hinein, hemmen und verwirren das Fußvolk, und weil in dem engen Mittelraume es einem einfällt hinunter-, dem andern, hinaufzufahren, so können beide nicht von der Stelle und hindern oft die Vernünftigern, die in der Reihe geblieben sind, auch vom Platz zu kommen.

Wenn nun gar ein zurückkehrendes Pferd auf einen solchen Knoten trifft, so vermehrt sich Gefahr, Unheil und Verdruß von allen Seiten.

Nacht.

Und doch entwickelt sich diese Verwirrung, zwar später, aber meistens glücklich. Die Nacht ist eingetreten, und ein jedes wünscht sich zu einiger Ruhe Glück.

Theater.

Alle Gesichtsmasken sind von dem Augenblick an abgelegt, und ein großer Teil des Publikums eilt nach dem Theater. Nur in den Logen sieht man allenfalls noch Tabarros und Damen in Maskenkleidern; das ganze Parterre zeigt sich wieder in bürgerlicher Tracht.

Die Theater Aliberti und Argentina geben ernsthafte Opern mit eingeschobenen Balletten; Valle und Capranica Komödien und Tragödien mit komischen Opern als Intermezzo; Pace ahmt ihnen, wiewohl unvollkommen, nach, und so gibt es, bis zum Puppenspiel und zur Seiltänzerbude herunter, noch manche subordinierte Schauspiele.

Das große Theater Tordenone, das einmal abbrannte, und, da man es wieder aufgebauet hatte, gleich zusammenstürzte, unterhält nun leider das Volk nicht mehr mit seinen Haupt- und Staatsaktionen und andern wunderbaren Vorstellungen.

Die Leidenschaft der Römer für das Theater ist groß und war ehemals in der Carnevalszeit noch heftiger, weil sie in dieser einzigen Epoche befriedigt werden konnte. Gegenwärtig ist wenigstens Ein Schauspielhaus auch im Sommer und Herbst offen, und das Publikum kann seine Lust den größten Teil des Jahres durch einigermaßen befriedigen.

Es würde uns hier zu sehr von unserm Zwecke abführen, wenn wir uns in eine umständliche Beschreibung der Theater, und was die römischen allenfalls Besonderes haben möchten, hier einlassen wollten. Unsre Leser erinnern sich, daß an andern Orten von diesem Gegenstande gehandelt worden.

Festine.

Gleichfalls werden wir von den sogenannten Festinen wenig zu erzählen haben; es sind dieses große maskierte Bälle, welche in dem schön erleuchteten Theater Aliberti einigemal gegeben werden.

Auch hier werden Tabarros sowohl von den Herren als Damen für die anständigste Maske gehalten, und der ganze Saal ist mit schwarzen Figuren angefüllt; wenige bunte Charaktermasken mischen sich drunter.

Desto größer ist die Neugierde, wenn sich einige edle Gestalten zeigen, die, wiewohl seltener, aus den verschiedenen Kunstepochen ihre Masken erwählen und verschiedene Statuen, welche sich in Rom befinden, meisterlich nachahmen.

So zeigen sich hier ägyptische Gottheiten [Tab. XIV. Fig. 1.2.], Priesterinnen [Tab. XV. Fig. 1.2.], Bacchus und Ariadne [Tab. XVI.], die tragische Muse [Tab. XVII.], die Muse der Geschichte [Tab. XVIII. Fig. 1.], eine Stadt [Tab. XVIII. Fig. 2.], Vestalinnen [Tab. XIX.], ein Consul [Tab. XX.], mehr oder weniger gut und nach dem Kostüme ausgeführt.

Tanz.

Die Tänze bei diesen Festen werden gewöhnlich in langen Reihen, nach Art der englischen, getanzt; nur unterscheiden sie sich dadurch, daß sie in ihren wenigen Touren meistenteils etwas Charakteristisches pantomimisch ausdrücken; zum Beispiel, es entzweien und versöhnen sich zwei Liebende, sie scheiden und finden sich wieder.

Die Römer sind durch die pantomimischen Ballette an stark gezeichnete Gestikulation gewöhnt; sie lieben auch in ihren gesellschaftlichen Tänzen einen Ausdruck, der uns übertrieben und affektiert scheinen würde. Niemand wagt leicht zu tanzen, als wer es kunstmäßig gelernt hat; besonders wird der Menuett ganz eigentlich als ein Kunstwerk betrachtet, und nur von wenigen Paaren gleichsam aufgeführt. Ein solches Paar wird dann von der übrigen Gesellschaft in einen Kreis eingeschlossen, bewundert und am Ende applaudiert.

Morgen.

Wenn die galante Welt sich auf diese Weise bis an den Morgen erlustiget, so ist man bei anbrechendem Tage schon wieder in dem Corso beschäftiget, denselben zu reinigen und in Ordnung zu bringen. Besonders sorgt man, daß die Puzzolane in der Mitte der Straße gleich und reinlich ausgebreitet werde.

Nicht lange, so bringen die Stallknechte das Rennpferd, das sich gestern am schlechtesten gehalten, vor den Obelisk. Man setzt einen kleinen Knaben darauf, und ein anderer Reiter, mit einer Peitsche, treibt es vor sich her, so daß es alle seine Kräfte anstrengt, um seine Bahn so geschwind als möglich zurückzulegen.

Ungefähr zwei Uhr Nachmittag, nach dem gegebenen Glockenzeichen, beginnt jeden Tag der schon beschriebene Zirkel des Festes. Die Spaziergänger finden sich ein, die Wache zieht auf, Balkone, Fenster, Gerüste werden mit Teppichen behängt, die Masken vermehren sich und treiben ihre Torheiten, die Kutschen fahren auf und nieder, und die Straße ist mehr oder weniger gedrängt, je nachdem die Witterung oder andere Umstände günstig oder ungünstig ihren Einfluß zeigen. Gegen das Ende des Carnevals vermehren sich, wie natürlich, die Zuschauer, die Masken, die Wagen, der Putz und der Lärm. Nichts aber reicht an das Gedränge, an die Ausschweifungen des letzten Tages und Abends.

Letzter Tag.

Meist halten die Kutschenreihen schon zwei Stunden vor Nacht stille, kein Wagen kann mehr von der Stelle, keiner aus den Seitengassen mehr herein rücken. Die Gerüste und Stühle sind früher besetzt, obgleich die Plätze teurer gehalten werden; jeder sucht aufs baldigste unterzukommen, und man erwartet das Ablaufen der Pferde mit mehrerer Sehnsucht als jemals.

Endlich rauscht auch dieser Augenblick vorbei, die Zeichen werden gegeben, daß das Fest geendigt sei;

allein weder Wagen, noch Masken, noch Zuschauer weichen aus der Stelle.

Alles ist ruhig, alles still, indem die Dämmerung sachte zunimmt.

Moccoli.

Kaum wird es in der engen und hohen Straße düster, so siehet man hie und da Lichter erscheinen, an den Fenstern, auf den Gerüsten sich bewegen und in kurzer Zeit die Zirkulation des Feuers dergestalt sich verbreiten, daß die ganze Straße von brennenden Wachskerzen erleuchtet ist.

Die Balkone sind mit durchscheinenden Papierlaternen verziert, jeder hält seine Kerze zum Fenster heraus, alle Gerüste sind erhellt, und es sieht sich gar artig in die Kutschen hinein, an deren Decken oft kleine kristallne Armleuchter die Gesellschaft erhellen; indessen in einem andern Wagen die Damen mit bunten Kerzen in den Händen zur Betrachtung ihrer Schönheit gleichsam einzuladen scheinen.

Die Bedienten bekleben den Rand des Kutschendeckels mit Kerzchen, offne Wagen mit bunten Papierlaternen zeigen sich, unter den Fußgängern erscheinen manche mit hohen Lichterpyramiden auf den Köpfen, andere haben ihr Licht auf zusammengebundene Rohre gesteckt und erreichen mit einer solchen Rute oft die Höhe von zwei, drei Stockwerken.

Nun wird es für einen jeden Pflicht, ein angezündetes Kerzchen in der Hand zu tragen, und die Favoritverwünschung der Römer *Sia ammazzato* hört man von allen Ecken und Enden wiederholen.

Sia ammazzato chi non porta moccolo! *Ermordet werde, der kein Lichtstümpfchen trägt!* ruft einer dem andern zu, indem er ihm das Licht auszublasen sucht. Anzünden und ausblasen und ein unbändiges Geschrei: Sia ammazzato, bringt nun bald Leben und Bewegung und wechselseitiges Interesse unter die ungeheure Menge.

Ohne Unterschied, ob man Bekannte oder Unbekannte vor sich habe, sucht man nur immer das nächste Licht auszublasen, oder das seinige wieder anzuzünden und bei dieser Gelegenheit das Licht des Anzündenden auszulöschen.

Und je stärker das Gebrüll Sia ammazzato von allen Enden widerhallt, desto mehr verliert das Wort von seinem fürchterlichen Sinn, desto mehr vergißt man, daß man in Rom sei, wo diese Verwünschung, um einer Kleinigkeit willen, in kurzem an einem und dem andern erfüllt werden kann.

Die Bedeutung des Ausdrucks verliert sich nach und nach gänzlich. Und wie wir in andern Sprachen oft Flüche und unanständige Worte zum Zeichen der Bewunderung und Freude gebrauchen hören, so wird Sia ammazzato diesen Abend zum Losungswort, zum Freudengeschrei, zum Refrain aller Scherze, Neckereien und Komplimente.

So hören wir spotten: Sia ammazzato il Signore Abbate che fa l'amore. Oder einen vorbeigehenden guten Freund anrufen: Sia ammazzato il Signore Filippo. Oder Schmeichelei und Kompliment damit verbinden: Sia ammazzata la bella Principessa! Sia ammazzata la Signora Angelica, la prima pittrice del secolo.

Alle diese Phrasen werden heftig und schnell mit einem langen haltenden Ton auf der vorletzten oder drittletzten Silbe ausgerufen. Unter diesem unaufhörlichen Geschrei geht das Ausblasen und Anzünden der Kerzen immer fort. Man begegne jemanden im Haus, auf der Treppe, es sei eine Gesellschaft im Zimmer beisammen, aus einem Fenster ans benachbarte, überall sucht man über den andern zu gewinnen und ihm das Licht auszulöschen.

Alle Stände und Alter toben gegeneinander, man steigt auf die Tritte der Kutschen, kein Hängeleuchter, kaum die Laternen sind sicher, der Knabe löscht dem Vater das Licht aus und hört nicht auf zu schreien: Sia ammazzato il Signore Padre! Vergebens, daß ihm der Alte diese Unanständigkeit verweist: der Knabe behauptet die Freiheit dieses Abends und verwünscht nur seinen Vater desto ärger. Wie nun an beiden Enden des Corso sich bald das Getümmel verliert, desto unbändiger häuft sichs nach der Mitte zu, und dort entsteht ein Gedränge, das alle Begriffe übersteigt, ja das selbst die lebhafteste Erinnerungskraft sich nicht wieder vergegenwärtigen kann.

Niemand vermag sich mehr von dem Platze, wo er steht oder sitzt, zu rühren; die Wärme so vieler Menschen, so vieler Lichter, der Dampf so vieler immer wieder ausgeblasenen Kerzen, das Geschrei so vieler Menschen, die nur um desto heftiger brüllen, je weniger sie ein Glied rühren können, machen zuletzt selbst den gesundesten Sinn schwindeln; es scheint unmöglich, daß nicht manches Unglück geschehen, daß die Kutschpferde nicht wild, nicht mancher gequetscht, gedrückt oder sonst beschädigt werden sollte.

Und doch, weil sich endlich jeder weniger oder mehr hinwegsehnt, jeder ein Gäßchen, an das er gelangen kann, einschlägt, oder auf dem nächsten Platze freie Luft und Erholung sucht, löst sich diese Masse auch auf, schmilzt von den Enden nach der Mitte zu, und dieses Fest allgemeiner Freiheit und Losgebundenheit, dieses moderne Saturnal endigt sich mit einer allgemeinen Betäubung.

Das Volk eilt nun, sich bei einem wohlbereiteten Schmause an dem bald verbotenen Fleische bis Mitternacht zu ergötzen, die feinere Welt nach den Schauspielhäusern, um dort von den sehr abgekürzten Theaterstücken Abschied zu nehmen, und auch diesen Freuden macht die herannahende Mitternachtsstunde ein Ende.

Aschermittwoch.

So ist denn ein ausschweifendes Fest wie ein Traum, wie ein Märchen vorüber, und es bleibt dem Teilnehmer vielleicht weniger davon in der Seele zurück als unsern Lesern, vor deren Einbildungskraft und Verstand wir das Ganze in seinem Zusammenhange gebracht haben.

Wenn uns während des Laufs dieser Torheiten der rohe Pulcinell ungebührlich an die Freuden der Liebe erinnert, denen wir unser Dasein zu danken haben, wenn eine Baubo auf öffentlichem Platze die Geheimnisse der Gebärerin entweiht, wenn so viele nächtlich angezündete Kerzen uns an die letzte Feierlichkeit erinnern, so werden wir mitten unter dem Unsinne auf die wichtigsten Szenen unsers Lebens aufmerksam gemacht.

Noch mehr erinnert uns die schmale, lange, gedrängtvolle Straße an die Wege des Weltlebens, wo jeder Zuschauer und Teilnehmer mit freiem Gesicht oder unter der Maske, vom Balkon oder vom Gerüste nur einen geringen Raum vor und neben sich übersieht, in der Kutsche oder zu Fuße nur Schritt vor Schritt vorwärtskommt, mehr geschoben wird als geht, mehr aufgehalten wird als willig stille steht, nur eifriger dahin zu gelangen sucht, wo es besser und froher zugeht, und dann auch da wieder in die Enge kommt und zuletzt verdrängt wird.

Dürfen wir fortfahren ernsthafter zu sprechen, als es der Gegenstand zu erlauben scheint, so bemerken wir: daß die lebhaftesten und höchsten Vergnügen, wie die vorbeifliegenden Pferde, nur einen Augenblick uns erscheinen, uns rühren, und kaum eine Spur in der Seele zurücklassen, daß Freiheit und Gleichheit nur in dem Taumel des Wahnsinns genossen werden können, und daß die größte Lust nur dann am höchsten reizt, wenn sie sich ganz nahe an die Gefahr drängt und lüstern ängstlich-süße Empfindungen in ihrer Nähe genießet.

Und so hätten wir, ohne selbst daran zu denken, auch unser Carneval mit einer *Aschermittwochsbetrachtung* geschlossen, wodurch wir keinen unsrer Leser traurig zu machen fürchten. Vielmehr wünschen wir, daß jeder mit uns, da das Leben im *Ganzen*, wie das Römische Carneval, unübersehlich, ungenießbar, ja bedenklich bleibt, durch diese unbekümmerte Maskengesellschaft an die Wichtigkeit jedes augenblicklichen, oft geringscheinenden Lebensgenusses erinnert werden möge.

T. I.

I
Advokat mit Pulcinellen

T. II.

II
Neapolitanisches Paar und Neapolitanischer Sbirre

T. III.

III
Bettlerpaar mit Quacquero

T.IV

IV
Pulcinell als Hahnrei, Zauberer (Wahrsager) und Quacqueri

T. V

V
Nordländer, Tabarri

VI
Gespenst, Gestalten mit Teppichen und Leintüchern, Tabarro, Pulcinell

VII
Mädchen mit Besen in Haustracht und Pelzen, Doppelmaske

T. VIII.

VIII
Capitano und Pulcinell

T. IX.

IX
Fischer und Fraskatanerin, nach Süßigkeiten haschende Kinder

T. X.

X
Landmädchen und neapolitaner Schiffer

T. XI.

XI
Franzisierter Grieche, Griechinnen

T. XII.

XII
Castillanisches Paar (Theatermasken)

T. XIII

XIII
Pulcinellen-König und Gefolge

Pl. XIV

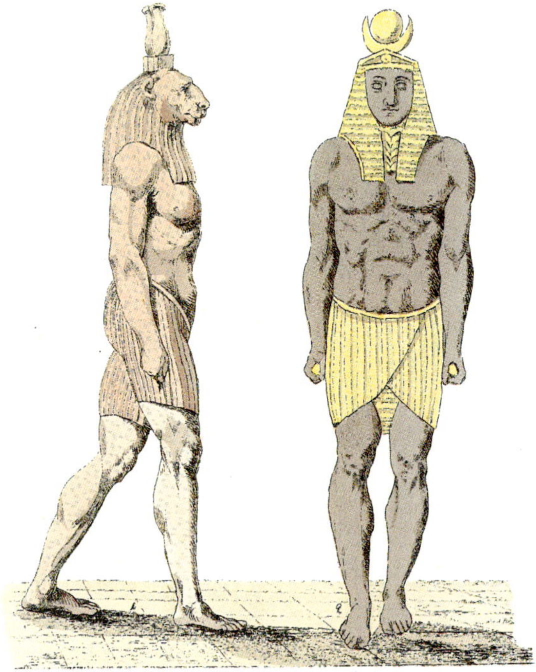

XIV
Ägyptische Gottheiten (Löwenmaske und Hathor?)

T. XV.

XV
Griechische Priesterinnen

T. XVI.

XVI
Bacchus und Ariadne

𝒯 XVII.

XVII
Die tragische Muse

XVIII
Die Muse der Geschichte und Personifikation der Stadt

T. XIX

XIX
Vestalinnen

XX
Ein Consul

Erläuterungen zum Text.
Zu den Abkürzungen s. das Verzeichnis S. 12f.

19 *einem fremden Zuschauer, der es zum erstenmal sieht und nur* sehen *will und kann:* Reflex des Dichters auf sich selbst. Vgl. Goethe über seine erste Begegnung mit dem römischen Karneval: *IR* Rom, 20. Februar 1787 (Aschermittwoch).

19 *Die... Straße... ist nicht zu übersehen:* Ex negativo das Leitwort goethescher Gestaltungskunst: *Übersicht* will er mit seiner Beschreibung schaffen: S. 21 der Einleitung.

20 *nicht ein Fest, das wie die vielen geistlichen Feste Roms die Augen ... blendete; ... kein Feuerwerk ..., keine Erleuchtung der Peterskirche und Kuppel:* Vgl. Goethes Beschreibung des Festes St. Peter und Paul, *IR* Rom, 30. Juni 1787 (Korrespondenz): ... *gestern haben wir die Erleuchtung der Kuppel und das Feuerwerk vom Kastell gesehn. Die Erleuchtung ist ein Anblick wie ein ungeheures Märchen, man traut seinen Augen nicht. ... Die schöne Form der Kolonnade, der Kirche und besonders der Kuppel erst in einem feurigen Umrisse und, wenn die Stunde vorbei ist, in einer glühenden Masse zu sehn, ist einzig und herrlich.* (HA XI 353). Vgl. ebd. über ein Fest auf Ara coeli (Rom, 9. Juli 1787;

Korrespondenz), das Goethe *ein Nachspiel von St. Peter* nennt (HA XI 367).

20 *keine glänzende Prozession:* Vgl. Goethes Unbehagen über den *feierliche*[n] *Fronleichnamstag, ... das fromme Festgewirre, das bei einem imposanten Ganzen doch hie und da durch abgeschmacktes Einzelne den innern Sinn verletzt...: IR* Rom, 8. Juni 1787 (Korrespondenz): HA XI 350.

20 *das Fest der Saturnalien:* Das ›heidnische‹ Synonym für das Karneval. Die Saturnalien, ursprünglich ein bäuerliches Fest, Hauptfest des römischen Kalenders und nach der Erneuerung 217 v. Chr. größtes römisches Volksfest, sind die Keimzelle des römischen Karneval. Im ›Teutschen Merkur‹ wurde Goethes Schrift denn auch als eine »Beschreibung dieses sonderbaren Überrests der alten Saturnalien« angekündigt (April 1789, S. 338). Ursprünglich am 17. Dezember gefeiert, wurden die Saturnalien in der Kaiserzeit auf sieben Tage ausgedehnt; so fiel ihr Ende mit dem Beginn des Weihnachtsfests zusammen, ein Grund, in christlicher Zeit das Karneval ins neue Jahr zu verlegen.

Für Goethes Beschreibung muß man sich den alten Zusammenhang der Saturnalien mit den chthonischen Festen des Monats vergegenwärtigen (Faunalia, Consualia, Opalia, Larentalia). Die Saturnalien waren ein großes Reinigungs- und Wiedererstarkungsfest der Natur. Ferner ist in unserm Zusammenhang der letzte Teil des Karneval wichtig: das Karneval ›diem ac noctem‹ (Tag und Nacht hindurch) für alle. Sklaven und Herren vertauschten an diesem Tag Kleidung und Rolle. Ein Ausgleich, wie er sich – in Erinnerung an das goldene Zeitalter unter (dem römischen Bauerngott) Saturn – auch in der römischen *Pferdeweihe* am Fest des heiligen Antonius Abbas bezeugt, von Goethe gleichfalls in der ›Italienischen Reise‹ beschrieben und als *ein saturnalischer Feiertag für die sonst belasteten Tiere sowie für ihre Wärter und Lenker* bezeichnet (*IR* Rom, 18. Januar 1787; HA XI 161f.). ›Das Römische Carneval‹ nennt Goethe selbst *das moderne Saturnal* (2. Februar 1789 an Fr. Jacobi; ebenso am selben Tag an den Grafen L. zu Stolberg). Im Abschnitt ›*Moccoli*‹ S. 62 ist das Fest selbst so bezeichnet.

21 *Genuß einer... vorbeirauschenden Freude:* Vorklang der *Aschermittwochsbetrachtung* am Schluß der Beschreibung, wo der Gedanke der Flüchtigkeit jeder höchsten Lust ausgeführt wird: S. 62 ff.

*

21 *Der Corso:* Jede italienische Stadt hat ihren ›Corso‹, auf dem früher an Festtagen Wettläufe von Menschen und Tieren stattgefunden haben (lat. cursus – Lauf). Zur Geschichte des ursprünglich breiten (›Via Lata‹ genannten), später durch Paläste verengten römischen Corso s. H. Keller im Nachwort zum ›Römischen Carneval‹, S. 117 ff.

22 *dem Prätendenten:* Charles Edward Stuart (1720-1788), Enkel König Jakobs II. von England, der englische Kronprätendent. 1746 scheiterte sein Versuch, Schottland zurückzugewinnen (Niederlage bei Culloden). Seit 1785 lebte er in Rom. Goethe äußert sich S. 40 ironisch über seine täglichen Kutschfahrten, die

im Karneval sehr lästig fielen und nur an das permanente *Fastnachtsspiel seiner königlichen Prätensionen* erinnerten.

22 *Sobald die Nacht eingeläutet wird:* Vgl. Goethes dritten ›Merkur‹-Aufsatz ›*Stundenmaß der Italiener*‹ (Oktober 1788), u. S. 145 ff. Die natürliche Zeiteinteilung der Italiener mit dem *merkliche Epoche* machenden Moment der eintretenden Nacht war Goethes Zeitsinn zweifellos selbst gemäß. Interessant erscheint seine Begründung: im Gegensatz zu unserer abstrakten Zeiteinteilung haben alle Handlungen eines sinnlichen, durch Land und Klima begünstigten Volkes *auf Tag und Nacht die reinste Beziehung.* Der Tag ist wirklich Tag – *Wie viele Handwerker arbeiten vor den Häusern auf freier Straße! ... der Moment wo die Sonne untergeht und die Nacht eintritt,* ist *allgemeiner entscheidend ... als bei uns, wo es manchmal den ganzen Tag nicht Tag wird ... Der Tag ist wirklich zu Ende; alle Geschäfte einer gewissen Art müssen auch geendigt werden ... Es läuten die Glocken ...* Und Goethe fährt fort: *So wird der große Zusammenfluß von Fahrenden und Fußgängern, welcher in allen großen Städten Italiens, besonders an Sonn- und Festtagen, sich gegen Abend in der Hauptstraße auf dem Hauptplatze sehen läßt, so wird der römische Corso, und im Carneval von Rom eine ungeheure Masse von unbändigen Menschen durch diese Art die Stunden zu zählen gleichsam wie an einem Faden gelenkt. Ja, dadurch daß Tag und Nacht so entschieden von einander absetzen, werden dem Luxus, der so gern Tag und Nacht miteinander vermischt und ineinander verwandelt, gewissermaßen*

Grenzen gesetzt. Die Vorstudie zu diesem Aufsatz (und der späteren Fassung in der *IR*), mit einem tabellarischen Vergleich der zwei Zeitkreise, enthält das ›Tagebuch der italienischen Reise 1786‹ (Verona, 17. September 1786; Ausgabe Frankfurt a. M. 1976, S. 69-72). – Fatal, als Auflösung jeder Ordnung, wirkt sich jedoch das Aveläuten bei den Umfahrten im Karneval aus: S. 53 f. ›*Aufgehobne Ordnung*‹.

23 *ausgehängte Teppiche:* Vgl. *IR* (›*Zweiter römischer Aufenthalt*‹, Juni 1787) ›*Nachtrag. Päpstliche Teppiche*‹: über die Verwendung von Teppichen nach Raffaels Kartonen: *Am Fronleichnamstage nun lernte man erst die wahre Bestimmung der Teppiche kennen, hier machten sie Kolonnaden und offene Räume zu prächtigen Sälen und Wandelgängen* ... (HA XI 362).

23 *die... Tabarros:* Der Tabarro, ein weiter, ärmelloser Radmantel aus schwarzer Seide (s. Tafel V: Nordländer und Tabarri), galt als vornehmste Maske, weil er *sich gar nicht auszeichnet:* S. 33. So bewirkt er die vollkommene Gleichheit der Personen, eine Tendenz, auf die Goethe nochmals aufmerksam macht, wenn er aus der *Ähnlichkeit so vieler Maskenkleidungen* (z. B. der Pulcinelle und Quacqueri) schließt, daß nur *wenige die Absicht haben können, Aufsehn zu erregen oder bemerkt zu werden* (S. 31 f.). E i n Paar in Tabarros ist in Goethes Maskenzug ›*Aufzug des Winters*‹ (zum 16. Februar 1781) genug, *Die Menge vorzustellen* (WA I 16, 193). In Venedig, wo man zwei Drittel des Jahres im Tabarro ging und nur so in guter Gesellschaft anerkannt war, erwog Goethe selbst den Kauf eines Tabarro (Tagebuch der italienischen Reise, 4. Oktober 1786).

24 *Barberi:* Pferde aus der Berberei (Nordafrika).

26 *Puzzolane:* Weicher Tuff (nach dem antiken Umschlagsplatz Puteoli benannt).

28 *ein Pulcinell:* S. Tafeln I, VI, XIII. Vgl. Goethe, *IR* Neapel, zum 19. März 1787: ... *der Pulcinell, die eigentliche Nationalmaske..., ein wahrhaft gelassener, ruhiger, bis auf einen gewissen Grad gleichgültiger, beinahe fauler und doch humoristischer Knecht.* (HA XI 214) Vgl. auch ›*Faust II*‹ 1. Akt *(Weitläufiger Saal),* V. 5215-36: *PULCINELLE täppisch, fast läppisch: Ihr seid die Toren, / Gebückt geboren. / Wir sind die Klugen, / Die nie was trugen; / Denn unsre Kappen, / Jacken und Lappen / Sind leicht zu tragen; / Und mit Behagen / Wir immer müßig, / Pantoffelfüßig, / Durch Markt und Haufen / Einherzulaufen, / Gaffend zu stehen, / Uns anzukrähen; / Auf solche Klänge / Durch Drang und Menge / Aalgleich zu schlüpfen, / Gesamt zu hüpfen, / Vereint zu toben. / Ihr mögt uns loben, / Ihr mögt uns schelten, / Wir lassen's gelten.* (HA III 163)

28 *Luoghi! Luoghi Padroni!:* »Plätze, Herrschaften, Plätze!«

29 *die Gestalt des alten Gottes der Gärten:* des Priapus. Vgl. Goethes unterdrückte Römische Elegie: *Hinten im Winkel des Gartens*... (WA I 53, 6 f.). S. auch die von Goethe ebenfalls zurückgehaltene Deutung der *Späße* im 10. Bild von ›*Iulius Cäsars Triumphzug, gemalt von Mantegna*‹ (1823), jetzt in: Insel Almanach auf das Jahr 1982, S. 110.

29 *Frauen ... in Mannskleidern ... Männer ... in Frauenskleidern... Zwittergestalt* (der weiblichen Pul-

cinellen): Über die Steigerung des Scheins bei der Vertauschung weiblicher und männlicher Rollen s. Goethes Aufsatz *›Frauenrollen auf dem römischen Theater durch Männer gespielt‹* (›Teutscher Merkur‹ November 1788), u. S. 36 f.

29 *Advokat:* Die Maske des Advokaten hat Goethe offenbar in besonderem Maß interessiert, ihr hat er eine lange Partie gewidmet, sie behauptet in der Anordnung der Masken eine Sonderstellung zwischen den in Massen erscheinenden Pulcinellen und Quacqueri, immer ein singulärer Fall. Der Grund: der Advokat macht im gesteigerten Sinn Theater im Theater. Er wirkt nicht nur durch seine Maske, sondern vollbringt ein Meisterstück an Sprachvortrag, Gestik, ja eigentlich an Einbildungskraft. Die angedichteten Prozesse, die zum Schein vorgewiesenen Dokumente mochten Goethe eine lebendige Fiktion des Advokatenwesens geben, wie er es selbst ja schon früh studiert hatte. In Goethes Dichtungen nehmen einbildliche Prozesse meist selbst den Charakter von anderen Gerichtsprozessen an und erscheinen folgerecht in Konflikten mit weltlicher Amtsinstanz *(›Werther‹, ›Iphigenie‹, ›Tasso‹).* Dieser haftet meist etwas Unwirkliches, Gespenstermäßiges, Dürres an (Albert, der Amtmann im *›Werther‹*, Aktuarius und Amtmann in *›Wilhelm Meisters Lehrjahren‹* I 13).

Als Gegenbild zur *Stuben- und Canzleyhockerey* des nordischen Advokatenwesens erschien Goethe im Advokaten schon der italienischen Wirklichkeit die ›befreite Maske‹, lebendige Komödie. Einen solchen ›Typus‹ hat er in Venedig am 3. Oktober 1786 gezeichnet und beschrieben: *Der eine Advokate der sprach, war alles*

was ein Buffo caricato *nur seyn sollte. Figur: dick kurz doch beweglich. Ein ungeheuer vorspringendes Profil. Eine Stimme wie Erz und eine Hefftigkeit, als wenn es ihm im tiefsten Grund des Herzens ernst wäre was er sagte. Ich nenn es eine Commödie, weil alles wahrscheinlich schon fertig ist, wenn diese öffentliche Producktion geschieht und die Richter auch schon wissen was sie sprechen wollen.* (Tagebuch der italienischen Reise, S. 111) Auch hier gilt Goethes Satz aus dem *›Römischen Carneval‹: es scheint das ganze Jahr Carneval zu sein* (23), und: *Das Carneval ist... nur eine Fortsetzung oder vielmehr der Gipfel römischer Lebens-*

weise (23). Goethes *Avocato Reccaini,* in seiner Plastizität von Schützens ›Figurine‹ (Tafel I) sehr verschieden, hat mit dieser doch eine typische Geste gemeinsam: durch das Zusammenbiegen von Daumen und Zeigefinger der erhobenen Hand deuten sie an, daß sie ›die Sache mit reiflichem *Abwägen* verhandeln‹, (›pensitato rem agitare‹): s. Tagebuch der italienischen Reise, S. 376 f. zu Abb. 17.

29 *Cicisbeen:* Hausfreunde (im 18. Jh. war der cicisbeo der die Dame begleitende Kavalier; s. die Kapitel ›Il cicisbeismo‹ und ›Il tramonto del cicisbeismo‹ in Clementis ›Il carnevale Romano‹, 2. Teil, S. 1-222).

30 *Buffo caricato: ein übertriebener Buffo* (Goethe in der *IR* Venedig, 3. Oktober 1786 (HA XI 75).

30 *Man sieht bald, daß ... wenige die Absicht haben können, Aufsehn zu erregen oder bemerkt zu werden ...:* vgl. im selben Abschnitt, (S. 33): *Witzige und satirische Masken sind sehr selten, weil diese schon Endzweck haben und bemerkt sein wollen.* Selbstvergnügen ist das Wesen des römischen Karneval. Ganz fehlen auch die zahllosen künstlichen Schaueffekte, die Kunststücke mit abgerichteten Affen, Wachsfiguren, die mechanischen Wunder, die etwa den venezianischen Karneval in ein großes Jahrmarktsfest verwandelten (zufällig erschien fast gleichzeitig mit Goethes ›*Römischem Carneval*‹ im ›Teutschen Merkur‹ ein anonymer Aufsatz: ›Etwas vom Venezianischen Carneval‹: 1789, 2. Vierteljahr, S. 205-216). Das römische Karneval war es, das Goethes Vorstellung vom Sinn und Zweck des Maskenwesens, ja dessen reinstem, gleichsam dichterischen Zweck, dem Spiel um seiner selbst willen, das

die Bedrohlichkeit der Maske freilich einschränkt, nahekam. Sind doch so auch die Masken, die im zweiten Teil des ›*Faust*‹ (1. Akt) in der *Mummenschanz* nacheinander auftreten, ob sie nun Aufsehen, Wohlgefallen oder Verwirrung erregen, in erster Hinsicht sich selbst zum Gefallen da, erklären und spielen sich selbst. Richtig wird so dieser Maskenzug vom Herold im Zeichen des römischen Karnevals gesehen und darf, im Gegensatz zu den deutschen *Teufels-, Narren- und Totentänzen,* ausdrücklich *Ein heitres Fest* heißen (V. 5065 ff.). An ›fröhlichen Gesichtern‹, ›vergnügten Herzen‹ freute sich schon *Das Carneval* im Maskenzug von 1781/82 *(›Der Aufzug des Winters‹),* das das Chor der Masken anführte: *Vor dem bunten Schwarme flieht / Die Melancholei.*

32 *weil die Masken unverletzlich sind:* Daß es im höheren Sinn *sehr gefährlich* sein kann, eine Maske zu verletzen, wäre sie auch *verdächtig,* zeigt der Dramatiker Goethe im ›*Faust*‹ (Zweiter Teil, 1. Akt, *Weitläufiger Saal,* V. 5457 ff.). In dem Moment, als der Masken-Wächter selbst, der Herold, Zoilo-Thersites mit dem Stab trifft, löst sich die Maske in eine Kette häßlicher Verwandlungen auf, hintergründig wirkt *Das gespenstische Gezücht,* beginnt das Unheil, der Umschlag der Maskenlust in tödliche Verwirrung: *Ganz verdorben ist der Spaß – Und die Bestien wollten das.*

36 Ehemals sollen diese Prachtwagen... auch durch mythologische und allegorische Vorstellungen interessanter gewesen sein: Vgl. auch die Redoute-Masken auf den Tafeln XIV bis XX. Clementi, ›Il Carnevale Romano‹ Bd. II, S. 261 ff., berichtet über solche Umzugs-

wagen im Jahr 1805 anläßlich der Krönung Napoleons. Ein besonders prächtiger stellte »La Querela di Venere contro Psiche, amata da Amore« (»Die Klage der Venus gegen die von Amor geliebte Psyche«) vor, wobei die Götter nach den Fresken Raffaels in der Farnesina gebildet waren (Rom, Galleria delle Stampe).

37 *O fratello mio, che brutta puttana sei!:* »O mein Bruder, was bist du für eine häßliche Dirne!«

39 *Zug des Gouverneurs und Senators:* Der Name des obersten *Policeyherren* Roms, des Gouverneurs, wird in der *IR* nicht genannt. Senator, oberster Richter, war seit 1765 Abbondio Faustino Principe di Rezzonico (1742-?), Nepote Papst Clemens' XIII. Von einem Deutschlandaufenthalt im Januar 1788 zurückgekehrt, lud er Goethe im Februar zu einem Konzert in seine Wohnung auf dem Kapitol ein (*IR* Rom, Februar 1788, *Bericht:* HA XI, 521 ff.).

39 *Und wie das Wasser, wenn ein Schiff durchfährt, sich nur einen Augenblick trennt…:* Mit dichterischer Prägnanz wird das Gesetzhafte eines Bewegungsablaufs gefaßt. Die Stimmigkeit des Schiffsbilds vollendet

sich darin, daß es ja wirklich die ›Steuerleute‹ (Gouverneur und Senator) Roms sind, die da ihre Bahn ziehen, ein Zusammenhang, den Goethe durch das Wort *Steuerruder* ausdrücklich betont. Das Schiff ist ohnedies seit je das Bild für die steuernden Gewalten des Daseins; s. dazu: Eckart Schäfer: ›Das Staatsschiff. Zur Präzision eines Topos‹. In: Toposforschung. Eine Dokumentation, hg. v. P. Jehn, Frankfurt a. M. 1973, S. 259-292. Dasselbe Bild gebraucht Goethe in ›*Dichtung und Wahrheit*‹ III. Teil, 15. Buch im geistigen Sinn: *Man behauptete, die Bahn sey gebrochen, da doch in allen irdischen Dingen selten von Bahn die Rede seyn kann: denn wie das Wasser das durch ein Schiff verdrängt wird, gleich hinter ihm wieder zusammenstürzt, so schließt sich auch der Irrthum, wenn vorzügliche Geister ihn bey Seite gedrängt und sich Platz gemacht haben, hinter ihnen sehr geschwind wieder naturgemäß zusammen.* (S. 541 ed. Scheibe)

40 *Schöne Welt am Palast Ruspoli:* Dieser Auftakt zu den ›*Confetti*‹ ist bei allem Unterschied zwischen *Gipskörner*-Streit hier und *Warenaufputz* dort womöglich die Keimzelle für den Auftritt der *Gärtnerinnen* im 1. Akt von ›*Faust II*‹ (›*Weitläufiger Saal*‹). – Der Palazzo Ruspoli, erbaut von Bartolommeo Ammanati (1511-1592), an der Kreuzung des Corso mit der Via de' Condotti/Via Fontanella di Borghese.

43 *sich verschossen haben:* seine Munition aufgebraucht haben.

44 *Corden:* ›Schnellgalgen‹ (von lat. corda: Saite). Zu den technischen Details vgl. den Kommentar H. v. Einems (HA XI 670).

45 *der sogenannte Capitano:* der ›Miles gloriosus‹ der alten römischen Komödie.

47 *Ammazzieren:* ammazzare (it.). ermorden.

48 *Da wird gehuft:* hufen: zurückgehen, (das Zugtier) rückwärts drängen. Im 18. Jh. noch verbreitetes, auf idg. ›sich biegen‹ zurückgehendes Zeitwort.

49 *Luoghi avanti! Luoghi nobili!:* Vorderplätze! Ehrenplätze!

55 *Theater:* Von den Theatern, die Goethe erwähnt, ist das Teatro Argentina (1732 erbaut) das einzige, das noch heute besteht und spielt. Das Teatro Tordenone (1670 errichtet) war 1785 eingestürzt und wurde erst 1795 wiederhergestellt.

56 *an andern Orten von diesem Gegenstande gehandelt:* Im ›Merkur‹-Aufsatz ›*Frauenrollen auf dem römischen Theater durch Männer gespielt*‹, u. S. 29, 36 f.

59 *Moccoli:* Lichtstümpfchen. – Die Losung auf S. 61: *Sia ammazzata la Signora Angelica . . . :* »Tod der Frau Angelica, der ersten Malerin des Jahrhunderts!« gilt Angelika Kauffmann.

62 *eine Baubo:* Nach Hesych die Amme der Demeter (somit aus dem Umkreis der eleusinischen Mysterien; dem Fruchtbarkeitskult zugehörig), die die um den Tod der Tochter trauernde Mutter durch derbe Späße zu erheitern suchte. In Italien als auf einem Schwein reitende ›Dea impudica‹ dargestellt; vgl. ›*Faust I*‹, *Walpurgisnacht,* V. 3962 ff.: *Stimme. Die alte Baubo kommt allein; / Sie reitet auf einem Mutterschwein. Chor. So Ehre denn, wem Ehre gebührt! / Frau Baubo vor! und angeführt! / Ein tüchtig Schwein und Mutter drauf, / Da folgt der ganze Hexenhauf.*

NACHWORT

I.

»Zu schreiben ist davon
gar nichts, bei einer
mündlichen Darstellung
möchte es allenfalls
unterhaltend sein.«
Goethe,
Rom 20. Februar 1787

Selten stand am Anfang einer künstlerischen Produktion so wenig Wille und Neigung des Autors zum Gegenstand wie bei der Geburt von Goethes ›Römischem Carneval‹. Der erste Eindruck vom römischen Karneval gibt eher ein negatives Augurium dafür, daß eine Beschreibung dieses Fests durch Goethe jemals ins Dasein kommen sollte. In der ›Italienischen Reise‹ hören wir fast nur Äußerungen des Unmuts. In sparsamen Reflexen erst nur – »Abends nach verklungener Karnevalstorheit«, wie in der Überschrift eines Eintrags zunächst nur anklingt (zum 17. Februar 1787) –, ja eigentlich je mehr dieses Fest erlischt, kommt es zu Wort. Am 19. Februar 1787 rückt das Geschehen erstmals in den Eintrag vor: »... heute war ein Tag, den ich mit Schmerzen unter den Narren zubrachte.« Vollends am Aschermittwoch schwirrt der schmerzende Pfeil von der Sehne:

»Nun ist der Narrheit ein Ende. Die unzähligen Lichter gestern abend waren noch ein toller Spektakel. Das Karneval in Rom muß man gesehen haben, um den Wunsch völlig loszuwerden, es je wieder zu sehen. Zu schreiben ist davon gar nichts, bei einer mündlichen Darstellung möchte es allenfalls unterhaltend sein. Was man dabei unangenehm empfindet, daß die innere Fröhlichkeit den Menschen fehlt und es ihnen am Gelde mangelt, das bißchen Lust, was sie noch haben mögen, auszulassen. Die Großen sind ökonomisch und halten zurück, der Mittelmann unvermögend, das Volk lahm. An den letzten Tagen war ein unglaublicher Lärm, aber keine Herzensfreude. Der Himmel, so unendlich rein und schön, blickte so edel und unschuldig auf diese Possen.«[1]

Doch auch in dieser heftigen Auslassung bleibt das Karnevalsgeschehen selbst noch völlig ungesehen. »Am Anfang des ›Römischen Carneval‹ steht also das Wunder seiner Existenz.«[2] Was führte schließlich doch zu jener äußerst sorgfältig gearbeiteten Beschreibung des ›Römischen Carneval‹?

Am wenigsten Verlegerinteresse. Goethe gab zwar, wenn er etwas fertig hatte, deutliche Signale; aber kein Bertuch hat die Komposition des ›Römischen Carneval‹ auch nur veranlaßt.[3] Auch Goethes Kinderliebe hilft da nicht weiter; zwischen den unprätentiösen Maskenzeichnungen, die Goethe freilich schon in jenem Eintrag, wo er seinem Unmut über dieses Fest Luft verschafft, für die Daheimgebliebenen versöhnlich ankündigte *(IR* Aschermittwoch 1787), und der Herkulestat der Beschreibung des unbeschreiblichen Fests liegt eine Kluft. Einiges mehr, Wesentliches, mußte geschehen sein, dieses Produkt dem Dichter sich selbst zum Widerstreite doch abzuzwingen.

Der Blick auf Festdarstellungen bei Goethe sonst stellt eher neue Rätsel. Nicht viele Feste sind es im Ganzen, die Goethe komponiert hat. Eigentlich ist Goethe mehr Dichter der Mühe – der Leiden und Leidenschaften des Menschen. Das Fest stellt da allenfalls den Kontrapunkt dar. Das römische Karneval behauptet eine Sonderstellung unter allen Festen, die Goethe aufgriff – angekündigt durch die Kriegserklärung gegen dieses Karneval, was keinem Fest sonst widerfuhr. Sieht man von der Reihe der auftragsgemäßen ›Maskenzüge‹ ab, die Goethe für den Hof schrieb (so seit dem 30. Januar 1781 zum Geburtstag der Herzogin Luise), so sind es eigentlich mehr die besonderen, einmaligen Feste, die Goethes Aufmerksamkeit erregt haben: man denke an die Kaiserkrönung zu Frankfurt in ›Dichtung und Wahrheit‹ (IV, 15) oder an die Wiedereinweihung der Sankt-Rochus-Kapelle im ›Sankt-Rochus-Fest zu Bingen‹, was dann freilich Folge neu sicherte. Alles Feste im Rahmen von Staat oder Kirche. Dagegen ist das römische Karneval das von jedem Reglement freie, wiederkehrende, einzige tatsächliche Volksfest *heidnischen* Ursprungs.[4] Goethe ging in der Deutung des römischen Karnevals sogar noch über die römischen Ursprünge, die Saturnalien[5], hinaus. Die der Erstausgabe des ›Römischen Carneval‹ von 1789 vorangestellte Titelvignette zeigt drei große Masken um eine von

Masken und Widderfell behängte Vase in der Mitte. Das Widderfell im Zentrum dieser wohl goethischen Anordnung[6] weist auf die Ursprünge der griechischen Tragödie und Komödie zugleich[7] und stellt so auch die gegenwärtige Festspiel-Beschreibung in die Tradition mit den Urformen des Dramas, bzw. mit Goethes frühem Satyrspiel und spätem Drama selbst. In der Tat, wie die nähere Betrachtung bestätigen wird, hat ›Das Römische Carneval‹ mehr mit dem Maskenaufzug im Zweiten Teil des ›Faust‹ (II, 1), den man als Satyrspiel eines Volks- und Hoffests zugleich bezeichnen muß – Volk *und* Kaiser sind Beirrte –, mehr mit dem Drama zu tun als mit der Prosa einer Festbeschreibung. Die antiken Masken des römischen Karneval selbst, in Goethes Beschreibung fester Bestandteil der ›Festinen‹[8], zu Goethes Zeit und noch danach, wie ein alter Stich dokumentiert[9], in einem Wagen am Umzug beteiligt, bewahren diesen Zusammenhang mit der Antike, ja hier liegt die innere Verknüpfung der letzten sieben Figurinen mit den lebhaften, aufgelockerten Masken-Szenen der dreizehn ersten Tafeln: jene starren, en face gegebenen antiken Masken – z. B. die Tragische Muse, Bacchus und Ariadne – bilden nach Haltung und Farbgebung mit den typischen Masken-Szenen des römischen Karnevals den schönsten Kontrast.[10] Altes und Neues, römische Nationalmasken, antike und ägyptische Masken zusammen vollenden den Weltspiegel, den das römische Karneval darstellt. Warum, bei so viel Anreiz, umgekehrt gefragt, hat Goethe da nicht gleich zugepackt?

Mag sein, der Geldmangel, der im Jahre 1787 nur zu

einem sehr unvollständigen römischen Karneval geführt hatte[11] – in dem zitierten Aschermittwochseintrag 1787 spielt Goethe auf diesen Punkt an – machte Goethe die Einsicht in die Natur und geregelte Abfolge dieses Fests praktisch unmöglich. Doch das Haupthindernis lag in Goethe selbst, genauer gesagt in einer – notwendigen – Stufe des goetheschen Geists. Sind doch die heftigen Unmutsäußerungen nichts anderes als ein Gradmesser dafür, wie sich dieses römische Karneval ihm im Innern förmlich verhakt hat, mit Festverachtung vorerst nur abzulösen. »... heute war ein Tag, den ich mit Schmerzen unter den Narren zubrachte.« Ein befremdender Satz. Mit ›Ärger‹ – ja. Doch »mit Schmerzen«? – Schmerzen des Geists offenbar. Eines Geists, der, wie der Fortgang der Einträge zum 19. wie zum 20. Februar 1787 bezeugt, gesetzhaft, nach jedem Rückblick auf die verklungene Karnevalstorheit des Tages, als sei er schon dadurch getrübt, des Aufblicks zur Reinheit und Schönheit des »Himmels«(!) bedarf, um mit sich selbst wieder ins reine zu kommen. Der zwar schon früh, im Satyrspiel ›Götter, Helden und Wieland‹, Herkules zum Helden nahm, die Wirklichkeit und Stärke der Urbilder gegen jede »schmalbrüstige Imagination« zu verteidigen, aber nun vor der sinnlichen Gegenwart und Masse des Volks gleichsam erstarrte, die Urkräfte des Spiels, in einem derb-erdhaften Volksfest römischer Prägung eigenartig befreit, nicht gewahren konnte. »Schmerzen« des noch nicht genug ›geerdeten‹ Geists?

Der Goethe des ersten Italienjahres, der soeben seinen Geist auf die höchsten Gegenstände der Kunst richtete, von denen er selbst gestehen muß, er habe sie bisher nur auf dem Papier gekannt: er konnte und wollte das römische Karneval noch nicht sehen.

»Der Geist, an die würdigen Gegenstände gewöhnt, mit denen man das ganze Jahr in Rom sich beschäftigte, schien immer einmal gewahr zu werden, daß er nicht recht an seinem Platze sei.«

So erhärtet Goethe seine Position noch im Februarbericht 1788 (HA XI 520), als ›Das Römische Carneval‹ schon im Entstehen war. Das Phänomen des römischen Karneval: für Goethe im besonderen Sinne eine Herausforderung an den »Geist« – nicht nur im bloß formalen Sinne der Ordnung etwa des ungeheuren Gedränges von Wagen, Masken und Zuschauern, als Anforderung vielmehr an die eigene Existenz.

Entscheidend für Goethes Verhältnis zu den Dingen war das *zweite* Sehen.

»Doch muß man auf alle Fälle wieder und wieder sehn, wenn man einen reinen Eindruck der Gegenstände gewinnen will. Es ist ein sonderbares Ding um den ersten Eindruck, er ist immer ein Gemisch von Wahrheit und Lüge im hohen Grade.«[12]

Das wiederholte Sehen erst nimmt dem anfänglichen Eindruck die Schlacken. Dieses Grundgesetz goetheschen Sehens wird auch für die Entstehung des ›Römischen Carneval‹ wichtig, wobei Goethe zugleich entgegenkam, daß das Fest vom darauffolgenden Jahr (1788) selbst wieder erstmals unverkürzt gegeben wurde.

»Wenn man einmal zum Künstler geboren ist und gar mancher Gegenstand der Kunstanschauung zusagt, so kam diese mir auch mitten unter dem Gewühl der Fastnachtstorheiten und Absurditäten zu Gunsten. Es war das zweite Mal, daß ich das Carneval sah, und es mußte mir bald auffallen, daß dieses Volksfest wie ein anderes wiederkehrendes Leben und Weben seinen entschiedenen Verlauf hatte.

Dadurch ward ich nun mit dem Getümmel versöhnt, ich sah es an als ein anderes bedeutendes Naturerzeugnis und Nationalereignis; ich interessierte mich dafür in diesem Sinne, bemerkte genau den Gang der Torheiten und wie das alles doch in einer gewissen Form und Schicklichkeit ablief. Hierauf notierte ich mir die einzelnen Vorkommnisse der Reihe nach, welche Vorarbeit ich später zu dem soeben eingeschalteten Aufsatz [›Das Römische Carneval‹] benutzte ...«[13]

»Es war das zweite Mal, daß ich das Carneval sah, und es mußte mir bald auffallen, daß dieses Volksfest wie ein anderes wiederkehrendes Leben und Weben seinen entschiedenen Verlauf hatte.« So lautet der wichtige Satz aus dem – Jahrzehnte später verfaßten – Bericht zum Februar 1788 im ›Zweiten Römischen Aufenthalt‹, der die Wendung festhält. Bei der zweiten Begegnung sah und bemerkte Goethe das Gesetzmäßige dieses Fests, »seinen entschiedenen Verlauf« wie seinen Ort in der römischen Lebensweise selbst, so daß er es als »ein anderes wiederkehrendes Leben« ansprechen konnte. Auf dieser Stufe entstand die »Vorarbeit«, die dem »Römischen Carneval« zugrunde gelegt wurde. Sie ist in die endgültige Ausarbeitung eingegangen. Die Teile der Festbeschreibung sowie der Gang des Ganzen dürften damit schon festgestanden haben. Der Vorsatz zur schriftlichen Fixierung des Fests, wie immer aus der

Distanz erst möglich, forderte hierbei zugleich ein stärkeres Sicheinlassen ins Maskentreiben.

»Zu vorgemeldeten Zwecken mußte man sich denn mehr, als sonst geschehen wäre, unter die verkappte Menge hinunter drängen, welche denn trotz aller künstlerischen Ansicht oft einen widerwärtigen unheimlichen Eindruck machte.«[14]

In der späten Rückschau, da die Komposition des ›Römischen Carneval‹ gemeistert ist, spricht sich der alte Vorbehalt des »Geists« endlich deutlich aus, dem das Karnevalswesen »trotz aller künstlerischen Ansicht«, die das Auge ihm inzwischen abgewonnen hat, doch »widerwärtig«, ja »unheimlich« bleibt.

Eine zweite Komponente mußte noch dazukommen, dieses ungeliebte Kind glücklich doch ins Dasein zu ziehen.

Das zweite Sehen schuf die »Vorarbeit«, von der aus nicht mehr zurückzugehen war. Was dieses Werk aber vollends hämmerte, ihm das ganze Gewicht und jene Reflexionstiefe gab, von der der Autor zuletzt selbst befürchten muß, sie überschatte den heitern Gegenstand: das war die herbe Zeit *nach* Goethes Rückkehr aus Italien.

II.

»...ich bin wieder zurück
und sitze in meinem Garten, hinter der Rosen
Wand, unter den Eschenzweigen, und komme nach
und nach zu mir selbst.«
Goethe an F. H. Jacobi
am 21. Juli 1788

Sie lag hinter ihm, die »Rosen Wand« – der Wirklichkeit gewordene Traum von Italien. Über ihm die »Eschenzweige« – das eherne Zeitalter, der Kampf um die nächste Selbstbehauptung begann.

Dem Suchenden, ja Irrenden reicht man wohl die Hand. Geglückte Selbstfindung isoliert.

Selten ist einem Heimkehrenden, mit Mitteilung so reich Beladenen so wenig Ankunft, Landung beschieden gewesen wie Goethe nach seiner Rückkehr aus Italien. Wie ein gewaltiger Rückstoß auf die glückliche Zeit in Italien erscheint das erste nachitalienische Jahr. Es gehört zu Goethes dunkelster, ja überhaupt unbekanntester Zeit. Wenig Erfahrung dringt, im harten Gegensatz zu dem durch Goethe selbst stark aufgelichteten Italien-Aufenthalt, zu der Zeit nach außen. Einige Briefe, mehr noch der Wegfall einer Korrespondenz deuten auf das Drama. Die Beziehung zu Frau von Stein bricht ab. Der gebliebene Freund, Herder, reist ab – dahin, wovon sich der Wiederheimgekehrte, Nichtwiederheimische fortverschlagen fühlen muß, ja wohin er aufs neue hätte mitfahren können, wenn er sich dies nicht, aus Zugehörigkeitsgefühl für die Daheimgebliebenen, selbst abschlagen zu müssen geglaubt hätte –: nach Italien gleichsam zurück. Die schlechte Witterung erzwingt ein eingezogenes Dasein, fast nur durch die Lebenszeichen der Freunde aus Italien aufgehellt, daß die südliche Sonne wie ein sich immer neu entzündender Tagtraum vor dem inneren Auge schwebt. Die Kunst, das Leben selbst steht still. – Völlig?

Goethe tat, was jeder tun würde, der überleben will. Er versuchte sich einzurichten. Änderte seinen Atem. Konzentrierte seine Kräfte auf die einzige Frage: wie Boden gewinnen? Warf, an anderer Stelle, am selben Ufer, nur etwas weiter abseits, neu den Anker. Von niemand bemerkt, in lang anhaltender arbeitsamer Stille betrachtete er die gleichsam unverrichteter Dinge auf ihn zurückgekommenen Schätze, fürs erste Adressat seiner selbst, holte die unzähligen kleinen Skizzen hervor, die er aus Italien mitgebracht hatte, prüfte, ordnete, machte lesbar. Und was dringt als Erstes von Goethes Reise-Schätzen wirklich an die Öffentlichkeit?

Keine Spur von den in Italien gewonnenen höchsten Einsichten in Kunst und Natur, von existentieller Selbsterfahrung, womit die ›Italienische Reise‹ später nicht eben kargt. – Wo wäre dafür auch ein Adressat gewesen? – Eigentlich mußte Goethe damit bis auf Schiller warten. – Nur »sehr einfache Sachen«, wie Goethe am 24. Juli 1788 fast verlegen an Heyne schreibt. »Bruchstücke, die wenig bedeuten und niemand befriedigen.« Deren Dasein man fast rechtfertigen muß. Dabei auffallend Mannigfaltiges, was scheinbar gar nicht zusammengeht. Einiges zur Kunst. Doch keine höhere Sinndeutung eines Kunstwerks. Etwas z. B. zum ›Material der bildenden Kunst‹. Nichts über höchste Kunstwerke – aber ein Aufsatz ›Von Arabesken‹. ›Über Christus und die zwölf Apostel nach Raphael‹ »Noten ohne Text«, wie der Autor selbstkritisch bemerkt, zur Technik der »Falten« in Kopie und Original. Dann vollends scheinbar gar nichts zur Kunst. Verstiegen scheinende Begeisterung über das Naturgewölbe einer Volksheiligen: ›Rosaliens Heiligtum‹. Schließlich rein Volkshaftes – Verteidigung römischer Sitten, des italienischen ›Stundenmaßes‹, des ›Lebensgenusses des Volks in und um Neapel‹, der scheinbaren ›Lazaroni‹, des ›Volksgesangs in Venedig‹ gegen das eigne beleidigte Ohr. Kein Wort, allerletzt, über die in Italien entdeckte Metamorphose der Pflanze – aber eine ›Naturlehre‹ mit fingierter ›Antwort‹ über die Bildung von – Eisblumen an den gefrorenen nordischen Fensterscheiben.

Ein Abfall der Kunst?

Dem Aschenputteldasein nach, das diese ersten Produkte Goethes nach der Rückkehr aus Italien bisher erfuhren, sollte man dies meinen. Soweit Goethe diese später sogenannten ›Fragmente eines Reisejournals‹, alle zuerst im ›Merkur‹ veröffentlicht, nicht in die ›Italienische Reise‹ integriert hat, vollends aber im Zusammenhang ihrer ursprünglichen Form sind sie so gut wie unbekannt. Was stellen diese seltsamen Stücke aus Goethes erstem nachitalienischen Jahr wirklich dar?

Goethes erstes Bodenfassen am unfreundlichen Ufer.

Der glückliche Gedanke des Heimkehrenden, für die Hauptsache um den Anlegeplatz Gebrachten war: Teilablösung. Wenn schon der ganze Kahn im Augenblick und für lange nicht auszuladen war, sollten diese »sehr einfachen« Sachen – Stücke, die aus dem Ganzen kommen und auf das Ganze weisen – vorab fürs Ganze passieren. *Sie* mochte er, in der Lage, in der er sich befand, »dem Epimenides nach seinem Erwachen« gleich (25. Oktober 1788 an Knebel), einzig geneigt sein aufs Papier zu bringen – für *sie* würde ein breiteres Publikum als Adressat in Frage kommen, *sie* mochten der Hauptfracht im Hintergrund die Bahn brechen, Goethe selbst aus der Isolation hinausführen. Was sie alle verbindet, macht sie zu alledem zugleich geschickt: sie gehen – denkbar traumfern, wenngleich durch das Italienerlebnis miteinander verbunden, schon im ›Tagebuch der italienischen Reise‹ in den Kernen zum größten Teil angelegte Gegenstücke zu jener höchsten Kunsterfahrung, die im Augenblick nicht mitteilbar war – alle auf den *Stoff* der Kunst und des Lebens, auf die *Bedingungen* des Kunstwerks und der Formen des Daseins. Goethes Rettung, wenn man so will, war das Eindringen in die *Materie* der Dinge selber. Er, der, wie er überspitzt sagt, in Italien kaum einen unbehauenen Stein angefaßt hatte, durchdrang nun das Sein bis zum Stoff, faßte den Stein als Stoff, fing, im geistigsten Sinne der Welt, von der »Erde« an.

»Wenn ich geneigt wäre etwas auf das Papier zu bringen; so wären es vorerst sehr einfache Sachen. Z. B. inwiefern die Materie, woraus gebildet worden, den klugen Künstler bestimmt, das Werck so und nicht anders zu bilden. So geben die verschiednen Steinarten gar artige Aufschlüsse über Baukunst, jede Veränderung des Materials und des Mechanismus, giebt dem Kunstwercke eine andere Bestimmung und Beschränckung... Sie sehen daß ich sehr von der Erde anfange und daß es manchem scheinen dürfte, als behandelte ich die geistigste Sache zu irdisch; aber man erlaube mir zu bemercken: daß die Götter der Griechen nicht im siebenten oder zehnten Himmel, sondern auf dem Olymp trohnten und nicht von Sonne zu Sonne, sondern allenfalls von Berg zu Berg einen riesenmäßigen Schritt thaten.« (Goethe an Heyne, 24. Juli 1788)

Das unbekannte Resultat der italienischen Reise, gleichsam in ihrem Schatten, unversehens rückwendig sich ereignend: der Schlag aus der höchsten Höhe reiner Kunstanschauung zur »Erde«. Ein »riesenmäßiger Schritt«, wie Goethe weiß – für das Wirklichwerden des Künstlers unerläßlich. Bedeutet er doch letztlich die wechselseitige Durchdringung von »Geist« und »Materie«. Die »Materie« wird vom »Geist« erfaßt – der »Geist« materialisiert sich. Mit der Fertigstellung jener »Folge« von »kleinen Aufsätzen«, die Goethe noch im September 1788 Wieland zur schrittweisen Veröffentlichung im ›Merkur‹ anbot, war dieser Schritt getan.

»Du hast mir neulich gesagt daß du wünschtest ich möchte dir von meinen Reisebemerckungen manchmal etwas für den Merkur geben. Bisher habe ich meine Journale, die Briefe, die ich hierher geschrieben, unzähliche zerstreute Blätter durchgesehn und wünsche selbst nach und nach etwas in Ordnung zu sehen. [...] Ich wollte dich also fragen ob du Lust hättest eine Folge solcher kleinen Aufsätze nach und nach in den Merkur aufzunehmen und zwar so daß ich mich engagierte monatlich vom nächsten Sept. biß zu Ende des Jahrs 89 mehr oder weniger zu liefern, damit ich eine Art Austheilung machen, einen Aufsatz mit dem andern verbinden, einen durch den andern erläutern kann. Ich habe so vielerley, so mancherley, das doch nach meiner Vorstellungs und Bemerckens-Art immer zusammenhängt und verbunden ist. Naturgeschichte, Kunst, Sitten pp., alles amalgamirt sich bey mir.« (Goethe an Wieland, Anfang September 1788)

Was mit dieser Vereinbarung zugleich geschaffen wurde, war eine Art Landesteg, über den sich das Ausladen der italienischen Schätze doch, vorerst auf schmalster Basis, aber auf weitere Sicht, in rhythmischer Folge gesichert in Gang bringen ließ.

›Material der bildenden Kunst‹ –: nun verstehen wir den Titel dieses Aufsatzes, der als einer der ersten im Merkur erschien, hauptsächlicher. Er ist neues künstlerisches Programm und kann leitend für die »Folge« der ›Merkur‹-Aufsätze im ganzen verstanden werden. Mit Feuerflügeln des Geistes geht Goethe in den Stoff, in die Falten der »Materie«, sucht die unveränderlichen, gleichsam ewigen Bedingungen der Kunst und des Lebens rein zu sondern, die für ihn eine Art neues Absolutum werden. Die ›Merkur‹-Aufsätze sind, wesentlich genommen, allererst Zeugnis, daß der »Geist« das harte Pensum »Erde« absolviert hat – ungefähr wie die »seligen Knaben« im Zweiten Teil des ›Faust‹ (II,5), vom »Pater seraphicus« »in sich« genommen, »die schroffen Erdewege« absolvieren müssen, um besser singen zu lernen.

»Kein Kunstwerk ist unbedingt, wenn es auch der größte und geübteste Künstler verfertigte: er mag sich noch so sehr zum Herrn der Materie machen, in welcher er arbeitet, so kann er doch ihre Natur nicht verändern. Er kann also nur in einem gewissen Sinne und unter einer gewissen Bedingung das hervorbringen, was er im Sinne hat, und es wird derjenige Künstler in seiner Art immer der trefflichste sein, dessen Erfindungs- und Einbildungskraft sich gleichsam unmittelbar mit der Materie verbindet in welcher er zu arbeiten hat.«

So, kämpferisch, gegenprometheisch, lautet der Eingang des Aufsatzes ›Material der bildenden Kunst‹, in nuce, wie der übergreifende Titel lautet: Goethes neue ›Theorie der bildenden Kunst‹. Derjenige Künstler ist der trefflichste, »dessen Erfindungs- und Einbildungskraft sich gleichsam unmittelbar mit der Materie verbindet in welcher er zu arbeiten hat«. – Hat Goethe nicht so in Italien analog erkannt, daß *sein* Material die Sprache ist? – Der Künstler arbeitet nicht nur in einem gewissen Material; das Material *führt* zum Kunstwerk. Verwundert uns die Hartnäckigkeit, mit der Goethe die »Falten« bei ›Christus und den zwölf Aposteln nach Raphael‹ aufsuchen wird, so gilt zugleich: in einer Falte im Urgestein entdeckte Goethe das Gesetz der ägyptischen Obelisken. Die ägyptischen Obelisken – sie haben Goethe stark beschäftigt, einer wird uns im ›Römischen Carneval‹ wiederbegegnen, als untere Grenze der Feststraße, ein anderer, unaufgerichteter, dessen Figuren auf den Zuschärfungen der Spitze Goethe zu der Betrachtung veranlassen, daß »das Gottesdienstliche der Kunst« ursprünglich nicht aufs menschliche Auge berechnet, sondern allein den Strahlen der Sonne zugedacht war, im Septemberbericht 1787[15] – verdanken sich in der objektiven Form der Natur des Granits, seiner Ausformung bereits in rohen Doppel-Keilen: dieses Ergebnis aus dem Aufsatz ›Material zur bildenden Kunst‹ ist darum so wichtig, weil es zeigt, wie Goethe »Materie« versteht: selbst wesentlich, gesetzhaft organisiert, als Urform. Kunst als eine Art »Metamorphose« des Naturwerks. Von hier aus gehen, wie man leicht sieht, Beziehungen bis zur Idee der Urpflanze. Dies jedoch nicht bloß dämmernd, als ferner Schatten, sondern etwa durch Goethes gleichzeitige ›Naturlehre‹, den Eisblumenaufsatz im ›Merkur‹, der ein Vorspiel zur ›Metamorphose der Pflanze‹ darstellt, gegenwärtig klar vorgezeichnet. *Das* meinte Goethe, als er darauf bestand, daß die mannigfaltigen Themen doch untereinander verbunden seien, ja sich wechselseitig erläutern. *Ein* Grundzug verbindet alle: der Begriff von der Urbedingung der Form. Nach derselben Theorie wird so, im Aufsatz ›Baukunst‹, der Stein-Tempel aus dem alten Holz-Tempel, der ionische Tempel aus dem Marmor entwickelt. Daß es Goethe hierbei nicht um Prävalenzen geht, sondern einzig um das Aufzeigen eines Gesetzmäßigen, mit Nachdruck freilich auf dem bisher Verkannten, versteht sich von selbst. ›Rosaliens Heiligtum‹ ordnet sich aufs engste den ›Baukunst‹-Aufsätzen zu. Der Naturtempel, die durch Kunst nicht »veränderte«, vielmehr gefaßte Felsenhöhle ist es, was Goethe da zunächst angezogen und schließlich bis ins Innerste des Heiligtums geführt hat, wo der Gedanke von der möglichst unmittelbaren Verbindung von Formkraft und Material noch eine unerwartete Steigerung erfährt: im Marmorbild der Heiligen blickt Goethe »ein lebloses Bild« entgegen. So ist auch dieser von Goethe an den Anfang der »Folge« gestellte, am meisten dichterische Aufsatz mit Goethes ›Theorie der bildenden Kunst‹ durch die zentrale Idee von der gleichsam heiligen Gewalt der Urform der Materie selbst notwendig verknüpft. Freilich geht hier die Beziehung darüber hinaus bis in die Dichtung. ›Rosaliens Heiligtum‹, wozu eine wichtige Vorform im Tagebuch existiert[16], ist die Keimzelle für Mignons Exequien (Lj. VIII 8), wo nicht für Ottiliens Gruft (Wv.). »...alles amalgamirt sich bey mir...«: ein in den ›Merkur‹-Aufsätzen beispielhaft dokumentiertes goethesches Grundphänomen.

Das Eindringen in den Stoff, in die Organisation der Materie selbst – warum nicht in den abgemessenen Raum eines pompejanischen Zimmers – öffnet Goethe so etwa auch den Blick für eine verkannte Kunstform: die – anfangs von ihm selbst so genannte – »geistreiche Spielerei der Arabeske« (*IR* 2. Dezember 1786). Das überraschende Resultat, daß diese Kunsterscheinung im Ursprung keine »Verschwendung«, sondern eine »Ersparnis der Kunst« darstellt, führt zuletzt zu einem gesteigerten Begriff auch der berühmten Arabesken Raphaels. In unserem Zusammenhang wichtig ist die Neubewertung, die der Autor so für sich selbst gewinnt. Hier lag ein »Vorurteil« der Kunst bei Goethe selbst zugrunde, zwar ihm gleich zu Anfang bewußt und durch den Vorsatz fortgesetzter Vergleichung dieser »Spielerei« mit den Zeugnissen der »höchsten Kunst«, den Deckengemälden des Michelangelo in der Sixtina, schon angepackt, wirklich überwunden aber erst in der ›Schmiede‹ des ersten nachitalienischen Jahres, mit dem Zurückgehen auf die elementaren Bedingungen des Kunstwerks, wozu die Formationen des Raums ja allererst gehören, aber auch die Lebensbedingungen eines Volks.

Insofern stellt das Stück ›Von Arabesken‹ in der Folge der ›Merkur‹-Aufsätze eine wichtige Vermittlung dar zwischen Goethes reinen Kunstfragmenten einerseits und den der Lebensform eines Volks vollends selbst gewidmeten Bruchstücken andererseits.

Kein bloß ethnologisches Interesse hat sie hervorgebracht, zu dieser letzten, unseren Zusammenhang zunächst berührenden Gruppe der goetheschen ›Merkur‹-Aufsätze zu kommen. Es ist vielmehr innerhalb derselben unbedingten Wendung der ganzen künstlerischen Existenz ins »Material« der Kunst zu verstehen, daß Goethe – in den dem ›Volk in und um Neapel‹, römischem und venezianischem Brauchtum gewidmeten Bruchstücken – um den scheinbar rohsten, sinnlichsten, dem Geist widerwärtigsten und schwerst faßlichen Lebensstoff »Volk«, in seinen Äußerungen dem Auge oder Ohr des Fremden vorerst doppelt befremdlich, herumzukommen sich nicht erlauben darf. Wie ging Goethe vor? – Er fand, wie für das ›Römische Carneval‹ ausdrücklich bezeugt ist, auch hier die *Form*.

»... ich ... bemerkte genau den Gang der Torheiten und wie das alles doch in einer gewissen Form und Schicklichkeit ablief.«[17]

Die »Form« wiederum, in der ein Volk feiert, lebt, sich

organisiert, sich selbst bekundet: sie war nicht zu finden, bevor der Begriff von den jeweiligen Lebensbedingungen, dem Lebens-»Material« nicht gefaßt war, was Vorurteilen keinen Platz mehr ließ. Wie hinter dem ägyptischen Obelisken die Bildung des Granit hervorkam, taucht nun hinter den vielfältigen Lebensformen eines Volks gesetzgebend der bisher verdeckte ›Unterbau‹ der sozialen und ökonomischen Schichtung auf. Wohl mag Goethe der »Lebensgenuß« der Neapolitaner, mit dem Überangebot an Essen durchaus widerwärtig gewesen sein, bevor er sich des genaueren Studiums des Lands und seines Klimas annahm, den »das ganze Jahr« anhaltenden natürlichen Reichtum wie eine paradiesische Offenbarung feierte. Die scharlachfarbenen Westen und Röcke der Frauen von Nettuno, mit Gold und Silber besetzt, erscheinen dem Auge des »Fremden« grell; der Einsichtige erkennt »die allgemeine Harmonie« der »lebhaftesten Farbe« in dem »gewaltigen Licht«. Der »Gesang« der neapolitanischen Gondoliere, durchaus als »Geschrei« beschrieben, indignierte Goethes Ohr, bis er die Relationen von Ferne und Nähe erkannte; hierfür war freilich der Standpunkt des auf dem Wasser gewiegten Touristen zu ändern, der Ort »zwischen« den »mit den Wellen des Meers« kämpfenden Fischern und ihrer abends, am Ufer sitzend, sie zurückerwartenden Frauen aufzusuchen: »wie menschlich und wahr wird« ihm mit einem Mal »der Begriff dieses Gesangs« (Tgb. 7. Oktober 1786), er klingt ihm »unaussprechlich reizend, weil er in dem Gefühl des Entfernten erst seine Bestimmung erhält«. Im *Dialog* der Getrennten, einander Verbundenen erkennt er den

»Sinn des Gesangs« – es ist, und hier klingt eigener Bezug, der des Entfernten, in Brief und Tagebuch »einen Ton hinüber«-Schickenden zu Frau von Stein, der Nicht-Gleichgestimmten, unabweisbar an –: »Gesang eines Einsamen in die Ferne und Weite, daß ihn ein andrer gleichgestimmter höre, und ihm antworte.« (T 131). Ein Vorgang des Umdenkens, Sich-auf-den-Weg-Machens liegt dieser Einsicht voraus, der in jenem Weg Goethes vom Wasser weg zum Ufer beispielhaft Niederschlag findet, in der Frage der »Lazaroni« Neapels zu einer sokratischen ›zétésis‹ wird. – Aber »mußte man sich« nicht so auch »mehr, als sonst geschehen wäre«, die Maske des Fremden aufgebend, »unter die verkappte Menge hinunterdrängen«, das römische Karneval zu begreifen? – Ja erscheint nicht die Tatsache der Existenz des ›Römischen Carneval‹ mit einem Mal in einem neuen Licht?

Was hat ›Das Römische Carneval‹ mit Goethes ›Merkur‹-Aufsätzen zu tun? – Es ist fast selbst einer.

Die Reihe der goetheschen ›Merkur‹-Aufsätze schließt – von zwei ›Überständen‹ abgesehen, den »Noten ohne Text« zu Mark Antons Kupfern nach Raphael, sowie der mit Moritz verfaßten Studie ›Über die bildende Nachahmung des Schönen‹ – mit der Ankündigung des – von Goethe dann freilich doch für sich allein herausgegebenen – ›Römischen Carneval‹ (›Merkur‹ April 1789). ›Das Römische Carneval‹ gehört also in den dargestellten inneren Zusammenhang von Goethes ›Merkur‹-Aufsätzen, ja ist nur in und aus der Einheit der Bruchstücke dieser »Folge« zu verstehen. Alle verdanken sich in der Hauptsache schöpferischer Revision, ja demselben Umbruch des ganzen künstlerischen Selbstverstehens, den die Kernsätze aus dem Eingang des Aufsatzes zum ›Material der bildenden Kunst‹ wiedergeben. Aber dieser goetheschem Geist unheimlichste und widerwärtigste Gegenstand, das römische Karneval, wird mit innerer Konsequenz Goethes erstes und einziges für sich vollendetes ›Fragment eines Reisejournals‹ ›Über Italien‹, von den übrigen Fragmenten dadurch abgehobener, aber zugleich mit ihnen, im Gegensatz zu dem weiter abstehenden, von Goethe so denn auch zusammen mit dem ›Großkophta‹ in einem eigenen Band (1790) veröffentlichten ›Cagliostro‹, noch aufs engste verknüpft.

III.
›Das Römische Carneval‹

Keine mir bekannte Festdarstellung sonst beginnt mit einem Rechtfertigungsversuch ihres Daseins durch den Autor. Dabei erweckt dieser zunächst den Anschein, als ergäbe sich die Unmöglichkeit einer Beschreibung dieses Fests allein aus einer Überforderung des technischen Vermögens des Künstlers.

»Eine so große lebendige Masse sinnlicher Gegenstände sollte sich unmittelbar vor dem Auge bewegen und von einem jeden nach seiner Art angeschaut und gefaßt werden.« (S. 19)

Soweit wäre die Sache nur schwierig. Im zweiten Ansatz erst stellt sich der Dichter dem existentiellen Anstoß: das Fest selbst ist unerfreulich, ja unbefriedigend.

»Die lange und schmale Straße, in welcher sich unzählige Menschen hin und wider wälzen, ist nicht zu übersehen; kaum unterscheidet man etwas in dem Bezirk des Getümmels, den das Auge fassen kann. Die Bewegung ist einförmig, der Lärm betäubend, das Ende der Tage unbefriedigend.« (S. 19)

Was ist die Lösung aus dieser Klimax der sich selbst zur Pein wiederholten Widerstände?

Die eigentliche Rechtfertigung muß die Beschreibung selbst geben, meint der Dichter. Das mag wahr sein; aber es befriedigt nicht an dieser Stelle. Es kommt zu einem unerwarteten Neueinsatz, der die eigentliche Auskunft nicht schuldig bleibt.

»Das Römische Carneval ist ein Fest, das dem Volke eigentlich *nicht gegeben wird, sondern das sich das Volk selbst gibt.*« (S. 19)

Mit einem Mal ist es da – alle Zweifel an der Daseinsberechtigung einer unmöglichen Beschreibung wegfegend wie ein frischer Wind, nicht direkt logisch aus dem Vorausgehenden ableitbar, aber unwidersprechlich: das »Volk«. Das unbeschreibliche Fest und seine Beschreibung erfahren einen höheren Freispruch dadurch, daß »das Volk« dieses Fest »sich selbst« gibt. – Haben wir von Goethe nicht die herrlichste Schilderung von der Erleuchtung der Kuppel von St. Peter?[18] Warum ist ihm hier so wichtig, daß das gegenwärtige Fest weder in staatlicher noch in kirchlicher oder sonst einer andern Regie als der des Volkes selbst steht? Ein unglänzendes Fest ist? Mit der Formel, daß »das Volk« dieses Fest »sich selbst gibt«, sichert sich der Dichter nicht mehr und nicht weniger als die *Ursprünglichkeit* dieses Fests. *Darum* wird Goethe nicht müde, im Aufsatz zum ›Volksgesang‹ seitenlang Strophen italienischer Gesangesformen einfachster freilich durchweg dialoger Art zusammenzutragen, durch Text kaum mehr verbunden: er suchte die *Urformen* der Selbstbezeugung des Lebens eines Volks. *Darum* muß es nun das von jedem Eingriff von außen freie, tatsächliche »Volksfest« sein. Der »Volksgesang« weist auf das »Volks-Fest«, ja ist selbst ein Teil davon, wie zu den ›Moccoli‹ des ›Römischen Carneval‹ wesentlich der unausgesetzte Refrain des »Sia ammazzato« gehört. Im römischen Karneval war es zentral da. Das Fest als Urform der Selbstbekundung des Volks: Goethe hat es hier wiederentdeckt. Frei von künstlicher Lenkung konnte ihm einzig das ungeliebte römische Karneval zu einer Art Idee des Urfests werden.

Mehrfach zeigt der Dichter, daß das römische Karneval im Leben des Volks »ganz natürlich« selbst wohnt.

»Das Carneval ist, wie wir bald bemerken können, eigentlich nur eine Fortsetzung oder vielmehr der Gipfel jener gewöhnlichen sonn- und festtägigen Freuden, es ist nichts Neues, nichts Fremdes, nichts Einziges, sondern es schließt sich nur an die römische Lebensweise ganz natürlich an.« (S. 23)

Im römischen Corso konkretisierte sich für Goethe diese Idee vom Ort des Fests im Leben des Volks. Hier spielen sich die allfesttäglichen Spazierfahrten ab, von hier aus tastet sich der Gedanke zu den »das ganze Jahr« sichtbaren »Masken«, zu den bei jedem Fest ausgehängten »Teppichen« u. s. f. Von der »Straße« vernahmen wir bei Goethes erster Begegnung mit dem

römischen Karneval kein Wort – sie blieb noch ungesehen. Man kann sagen: ›Das Römische Carneval‹ steht und fällt mit der Entdeckung des »Corso«. Ihr ist mit Recht der erste Abschnitt gewidmet.

»Das Römische Carneval versammelt sich in dem Corso. Diese Straße beschränkt und bestimmt die öffentliche Feierlichkeit dieser Tage. An jedem andern Platz würde es ein ander Fest sein; und wir haben daher vor allen Dingen den Corso zu beschreiben.« (S. 21)

Wie ruhig, zusammengenommen Goethe in die Beschreibung des Festtreibens einsteigt, zeigt der lapidare Einsatz: »Das Römische Carneval versammelt sich in dem Corso.« Dann greift die Sprache langsam-mächtiger aus, wie ein erster Ruderschlag: »Diese Straße beschränkt und bestimmt die öffentliche Feierlichkeit dieser Tage.« Der Corso: für Goethe ganz offensichtlich nicht nur die Basis seiner Komposition. Die Straße wird offenbar wesentlich als Ort des Fests erkannt. Sie »beschränkt« nicht nur das Festgeschehen, sie »bestimmt« es auch.

»An jedem andern Platz würde es ein ander Fest sein.«

Die Abhängigkeit des Fests vom *Ort* ist eine goethesche Grunderkenntnis, die *vor* der Rückkehr aus Italien sich ihm nicht so klar gezeigt hätte. Das Fest wird so als etwas Gewachsenes, streng Gesetztes aufgefaßt. Das ist derselbe Goethe, der Raum und Zeit als Grundbedingungen der Kunst und der Formen des Lebens entdeckt, das Eindringen in die Enge des pompejanischen Zimmers, ins italienische »Stundenmaß« nicht scheut, verkannte oder nicht bedachte Gesetze plötzlich aufleuchten zu lassen. Hier wird ihm der »Platz« unabdingbar, unveränderbar, ja, der »Corso« wird Goethe gleichbedeutend mit dem römischen Karneval. Die Ursache ist klar. Ohne Ort kristallisiert nichts. Der Stoff bedarf des Orts, sich gesetzhaft, zu Lebensformen zu organisieren. Der Ort: die erste Bestimmung der Form.

Wie ein Architekt geht Goethe vor. Zuerst zeichnet er die »Straße«, in der die Feierlichkeiten eingegrenzt sind. Grundrißartig: die unbelebte »Straße«, mit den Gebäudeeinfassungen zu beiden Seiten, ihrer oberen und unteren Grenze: dem Obelisken auf der Piazza del Popolo[19] und dem Palast auf der Piazza Venezia. Wie läßt er sich Zeit mit dieser Straße! In größter Ruhe beschreibt er die Disproportion von Länge gegen Breite: Ursache doch immerhin des später folgenden ungeheuren Gedränges und katastrophaler Verwirrung von Menschen, Pferden und Kutschen. Mit den ersten Festvorbereitungen, der Reinigung der – das ganze Jahr hindurch gereinigten – Straße und der Erneuerung des Pflasters wird der Schritt keineswegs schneller, ja es gelingt Goethe, uns dieses »schöne, aus kleinen, viereckig zugehauenen, ziemlich gleichen Basaltstücken zusammengesetzte Pflaster« so stofflich nahezubringen, als ginge es ihm im Moment einzig und allein um die Steine und den Arbeitsvorgang da am Boden. Mit der Aufrichtung der Gerüste den Corso hinauf sowie dem Behängen aller Fenster und Balkone bis zu den obersten Palastfassaden mit bunten Teppichen gewinnt die Darstellung allmählich Raum und Höhe. Unmittelbar vor dem Höhepunkt des Karnevalsgeschehens, dem »Abrennen« der Pferde, ist auch der innere Höhepunkt des Raums erreicht. Der Blick auf den »ganz vom Volke gereinigten« »Platz vor dem Obelisken« stellt nicht nur, insofern er »dem Auge eine schöne Ruhe gewährt«, ein Kontrastbild zu dem darauffolgenden blitzschnellen Geschehen dar, indem hier die Erwartung durch »die leeren Schranken mit dem vorgespannten Seil« zugleich aufs äußerste gespannt wird. Hier erst wird auch der Obelisk wie ein gewaltiges phallisches Festsymbol in ganzer Länge sichtbar:

»Über dem mittelsten Gerüste steigt die ganze Länge des Obelisken in die Luft; denn das Gerüste bedeckt nur sein Piedestal, und man bemerkt nun erst seine ungeheure Höhe, da er der Maßstab einer so großen Menschenmasse wird.« (S. 50)

Warum soviel Sorgfalt für den höchst gebauten Raum der Straße? – Er trägt das Geschehen. Die ungeheuer dichte, sacht ansteigende, stufenweise zum Höhepunkt führende und darauf rasch abfallende episierte dramatische Konzentration des römischen Karneval, die den täglich sich erneuernden »Zirkel des Fests« auf die zwei Enden, Anfang und letzter Tag zusammendrängt, wird von der *Einen* schmalen Straße durchgehalten. Das ganze Geschehen zirkuliert in den Umlaufbahnen der Straße, ist in die Figur der Straße wie in ein festes Lager eingewachsen. Freilich kein starres Lager. Das zunehmende Faschingstreiben, als sei die Straße selbst lebendiger Körper, wird als Wandel ihrer Gestalt verstanden.

»Inzwischen fängt auch der Corso an, seine Gestalt zu verändern; der Obelisk wird nun die Grenze der Straße ... alle Kinder sind auf der Straße, die nun aufhört, eine Straße zu sein; sie gleicht vielmehr einem großen Festsaal, einer ungeheuren ausgeschmückten Galerie.

Denn wie alle Fenster mit Teppichen behängt sind, so stehen auch alle Gerüste mit alten gewirkten Tapeten beschlagen; die vielen Stühle vermehren den Begriff von Zimmer, und der freundliche Himmel erinnert selten, daß man ohne Dach sei.

So scheint die Straße nach und nach immer wohnbarer. Indem man aus dem Hause tritt, glaubt man nicht im Freien und unter Fremden, sondern in einem Saale unter Bekannten zu sein.« (S. 26, 27)

Der offene Innenraum –: ein Thema, das, wie in anderem Sinne ›Rosaliens Heiligtum‹ zeigt, hier, im Bild der Straße, zum geschlossenen Außenraum gegenbildlich verwandelt, Goethe zu keiner Zeit mehr interessiert hat als im ersten Jahr nach der Rückkehr aus Italien. Goethes Traum von der Durchdringung von Himmel

und Erde, Fremde und Wohnort kann nicht deutlicher Sprache werden als in der Architektur dieses Straßenraums.

Steht die Straße fest, kann sich der Dichter unbesorgt den Auftritten zuwenden. Denn das macht er aus dem chaotischen Gedränge von Masken, Kutschen, Zuschauern in der engen Straße[20]: er verwandelt es in geregelte Auftritte, die dann freilich symphonisch miteinander verknüpft werden, das Bild des entsetzlichsten Gedränges zu steigern und vollkommen zu machen. In überlegter Ordnung, von den allgemeinsten, populärsten römischen Nationalmasken – den in Massen auftretenden Pulcinellen, Advokaten, Quacqueri, die der Idee der Gleichheit und dem Selbstzweck des Spiels am reinsten entsprechen – bis zur seltensten, vereinzelt agierenden, absonderlichen Maske – z. B. der »weißen Gestalt«, der Doppelmaske, der Maske des Fremden, der obszönen Maske mit der Parodie eines Obelisken – folgt zuerst der Maskenaufzug. Die nach und nach einfahrenden »Kutschen« ergänzen das Bild. Das Thema »Gedränge« erfüllt der Dichter dann so, daß er diese beiden Hauptenergien des Karneval, »Masken« und »Kutschen«, wie die zwei Hauptsubstanzen eines Versuchs in der Enge des Raums miteinander nach Plan reagieren und kollidieren läßt, ein Bild für das unglaubliche Getümmel zu gewinnen. Freilich, wie unsere Erwartung zugleich gespannt wird: ein Bild nur für das Gedränge ersten Grades. Der »Zug des Gouverneurs und Senators« durch die Mitte zwischen den beiden Reihen der übrigen Kutschen unterbricht »die Zirkulation des Corso« und macht den »engen, ja beinahe ängstlichen Zustand« vollkommen. Das eigentliche Chaos aber sah Goethe offenbar in der Figur des Herzogs von Albanien, der sich, karnevalistischer als das Karneval, außerhalb der Ordnung des Karnevals selbst bewegt. Mit dem Auftauchen neuer Störung, dem Stocken der Wagen bei der »Schönen Welt am Palast Ruspoli«, ist zugleich das neue Thema eingeleitet: die vielfältigen Interaktionen in der verkappten Menge selbst. »Confetti«-Streit am Palast Ruspoli, der »Dialog« zwischen dem »Capitano des italienischen Theaters« und einem Pulcinell »am oberen Ende des Corso«, schließlich die Wahl des »Pulcinellenkönigs« sind, in aufsteigender Reihe, die Hauptbeispiele für solche Dramen im Drama; mit den in die »Nebenstraßen« des Corso abgedrängten und sich zerstreuenden Einzelschauspielen klingt dieses Thema aus.

Die dramatische Komposition zeichnet sich ab. Das

Klischee vom »großen Epiker«, der »das Geschehen mit leiser Künstlerhand« (!) »lenkt«[21], ist unhaltbar. Die Zäsuren der Darstellungen sind stellenweise sogar scharf; wo sie kaum sichtbar erscheinen, ist nicht der angeblich ruhig dahinrollende epische Bericht, sondern die ungeheure dramatische Konzentration der Darstellung, eine Sprache von fast kleistscher Dichte dafür verantwortlich. Bereits die Maskenhandlung zeigt hintergründig Schatten, das unaufhaltsam Vorwärtsgespannte weist auf einen bedenklichen, eher einer Katastrophe nahen Höhepunkt. Keine Rede kann davon sein, hier seien »Obszönitäten und Sinnwidrigkeiten« des Karneval in den Kunstraum harmonischer Ordnung gebannt.[22] Das in der zuletzt erscheinenden Maske mit dem Miniatur-Obelisken angeschlagene, auf dem Höhepunkt des Fests groß aufgefaltete Obelisk-Thema sagt doch eigentlich alles. Pulcinell-Hahnreis Gebärde und Baubo nicht zu vergessen. Hinter dem munteren »Confetti«-Spiel, hinter dem Neckspiel mit den »Besenchen« wird anderes spürbar, durch Goethes wiederholte Beteuerung des »heitern« Fests, das seinen Zweck rein im Selbstgenuß hat, allenfalls im Gleichgewicht gehalten: die Bedrohung des Einzelnen, Nichteingeweihten oder Nichtmitspielenden durch eine entfesselte maskierte Masse, derer man sich nur dadurch erwehren kann, daß man sich selbst Maske und Munition verschafft. Der Geist sucht die geistreichen Masken: den Advokaten, der jedem seine imaginären Prozesse anhängt, den Pulcinell, der dem »Capitano« des Theaters die Schau stiehlt. Doch im selben Maß stellt sich gerade der Dichter des römischen Carneval dem Dunkel.

Das zeigt sich auf dem Höhepunkt des Fests gesteigert. Unverständlich, wie man behaupten konnte, Goethe habe den »Höhepunkt, das Rennen der Berberpferde am letzten Karnevalstag«, auf den die Darstellung doch hingedrängt hätte, »buchstäblich mit sechs Worten abgetan«![23] Der Höhepunkt des Karnevalsgeschehens, der sich, wie Goethe ausdrücklich sagt, »jeden Tag« im »Zirkel dieses Fests« wiederholt, ist *das* Pferderennen – *die* gesetzhaft zu diesem Fest gehörige Form. Auf die Gestaltung dieses Höhepunkts drängt die Darstellung hin. Wenn nun der Dichter diesem Thema gleichsam ein und für alle Mal einen breiten Abschnitt von bestürzender Deutlichkeit widmet – ›Abrennen‹ betitelt, – und auch noch der darauffolgende Abschnitt ›Aufgehobne Ordnung‹ ist kompositorisch, durch die zuletzt noch Maß füllend dazugenommene Bedingung der zurückkehrenden Pferde, mit dem ›Abrennen‹ verklammert –: was andres, das nicht leere Wiederholung wäre, bliebe für den – einzig des neuen Themas der ›Moccoli‹ wegen angeschlagenen neuen –: ›Letzten Tag‹ übrig als knapper Nachklang des Höhepunkt-Themas? Dieser ›Letzte Tag‹ folgt ja dem zuvor geschilderten Ereignis des ›Abrennens‹ keineswegs bloß sukzessiv, sondern *kompositorisch*; wie man entsprechend nicht sagen kann, daß das zuvor geschilderte ›Abrennen‹ gerade den ›vorletzten Tag‹ bezeichne. Das ›Abrennen‹ bezeichnet vielmehr den als einmalig geschilderten Höhepunkt des Karnevalsgeschehens für alle Tage. ›Letzter Tag‹ ist selbst ein Thema, das des Abgesangs, in den ›Moccoli‹ neu gipfelnd, – und wie sollte, auch von daher gesehen, ein wiederholtes, leeres oder

sich gar noch überschlagendes »Abrennen« das Thema »Letzter Tag« erfüllen?

Nichts führt zunächst an der Kenntnisnahme der Existenz des Abschnitts ›Abrennen‹ vorbei, der eine meisterhaft dichte Komposition für sich ist. Hier, auf dem Höhepunkt des Fests, spart der Dichter nun vollends nicht mehr mit dunklen Lichtern. Das fängt an mit der Schilderung der nun hinter das Seil geführten Pferde:[24]

»Man heftet ihnen hier und da Stachelkugeln mit Schnüren an den Leib, und bedeckt die Stelle, wo sie spornen sollen, bis zum Augenblicke mit Leder, auch klebt man ihnen große Blätter Rauschgold an.« (S. 50)

Das ist Schonung und Schonungslosestes in einem. Man kann sich den Augenblick denken, da das Leder weggenommen wird. Das Grausame erhöht sich eigentlich noch, da wir den Zweck der »Stachelkugeln« durch die vorübergehende Bedeckung nicht entschärft, son-

dern erst recht kalkuliert empfinden. »große Blätter Rauschgold«: ein schöner Flitter –: der die Pferde mit dem »Abrennen« zur Raserei bringt. Schon hinter der Schranke sind sie in Panik: »Sie hauen oft in die benachbarte Schranke hinüber, oft über das Seil...« Das Chaos sitzt in diesem einzigen Wort »hauen«. Das Fest der von den Römern so hoch legitimierten Freiheit und Gleichheit aller Menschen: im Bild der vor dem Abrennen tobenden Pferde hinterm Seil erscheint es als ein Über-die-Stränge-Schlagen. Goethe sah die Vereitelung alles Wetteifers der Pferde durch die eingeengte Bahn zwischen den zwei Kutschenreihen, die Härte des Laufs. »Ungeachtet der gestreuten Puzzolane gibt das Pflaster Feuer...« Dem Funkenschlag der vorüberfliegenden Pferde setzt Goethe ein langes Nachschauen und Nachdenken entgegen, szenisch-unmittelbar realisiert. Spät kommt manchmal ein Pferd noch nachgesprengt, wenn der Rausch der Pferde schon vorüber ist,

»und die zerrissenen Stücke Rauschgold flattern einzeln auf der verlassenen Spur«. (S. 51)

Schon hier ist Aschermittwoch.

Der Umschlag des rauschenden Karneval in den Aschermittwoch, den Goethe von hier an eigentlich nur noch auszufalten hatte, liegt offenbar gesetzhaft schon in der Anlage des Fests selbst, der Höhepunkt ist der Anfang vom Ende, Ernüchterung, das bare Nichts macht sich breit: *das* wußte der Dramatiker Goethe durch seine Komposition auszudrücken. Sind die Pferde vorbei, vertieft Goethe die Schatten vollends. Knapp wird die Ehrung des Siegerpferdes abgetan – was dagegen breit, in wachsenden Härtegraden heraufgeführt wird, sind die Unfälle vor allem von Pferden:[25] denn das eigentliche Opfer des Menschen ist die Kreatur. Was ihr widerfährt, »erfährt« man entweder schon gleich gar nicht, oder man »beachtet« es nicht. Ein Pferd, das »zufälligerweise« den entstehenden erweiterten Raum vor dem nächsten Wagen nutzen will, »springt vor und trifft gerade« auf das zufällig herausstehende Hinterrad. Der Fall wird durchs eigene Augenzeugnis erhärtet und um die Folge-Katastrophen, das Darüberhinausfallen der folgenden Pferde über das »von solchem Choc« Niedergestürzte, zugespitzt. Daß dabei die letzten »glücklich über die gefallnen weg sprangen und ihre Reise fortsetzten«, unterscheidet wohl Goethe von Kleist, aber weist uns desto klarer auf das gemeinsame Feld: von kleistscher Sprachdramatik sind die Hauptpartien der goetheschen Beschreibung. »Oft bleibt ein solches Pferd auf der Stelle tot, und mehrmals haben Zuschauer unter solchen Umständen ihr Leben eingebüßt.« Nicht genug! Die Niedertracht des Menschen erhält noch ein besonderes Denkmal.

»Es ist vorgekommen, daß boshafte neidische Menschen einem Pferde, das einen großen Vorsprung hatte, mit dem Mantel in die Augen schlugen und es dadurch umzukehren und an die Seite zu rennen zwangen.« (S. 52)

Sei es die Tücke des Objekts – das zufällig herausstehende Hinterrad des Vorderwagens – sei es die Tücke des Menschen: beidemale ist es das Pferd, das soeben vorspringt oder im Vorsprunge ist, das auf diese Weise gleichsam hinterlistig, gegen sein Verdienst und zu Unrecht, doppelt schmerzhaft im Lauf gebremst oder endgültig zu Fall gebracht wird. Es ist der nachitalienische Goethe, dessen Sehen sich so ›sensibilisiert‹ hat. Wenn er zuletzt in der engen Straße »die Wege des Weltlebens« symbolisiert sieht, wo jeder »nur einen geringen Raum vor und neben sich übersieht«, kaum vorwärtskommt, auch dort, wo es besser zugeht, »wieder in die Enge kommt und zuletzt verdrängt wird«, so klingt hörbar sein eignes Schicksal nach der Rückkehr aus Italien an. Die Tragik des Pferdes, das, am Zielort nicht gut eingefangen, umkehrt und nun in die schon wieder entgegendrängende Menge rennt, Unheil anrichtet oder zugrunde geht –: wer hätte das besser sehen können als eben der Goethe des ersten nachitalienischen Jahres, der für sich selbst freilich wußte, daß eine Umkehr für ihn unmöglich war?

Die unbekannte Intention von Goethes Festbeschreibung: er wollte kein einfaches Glanzbild des römischen Karneval geben, das wir noch im Geist uns erhöhen dürften, weil das Fest heute versunken ist. Er suchte die Form dieses Fests in ihren Urbedingungen. Dabei traf er auf mehr dunklen Stoff als vermutet. Eben diesem Dunkel stellte er sich. Er fordert »Rechenschaft« über das, worüber sich nur »wenige« Rechenschaft geben können oder wollen, fragt unbequem-sokratisch, »warum« so viele tausend Menschen den Moment der vorbeifliegenden Pferde erwarten »und warum sie sich daran ergötzen«. Nicht dieses wollte er schreiben vom römischen Karneval, was man weiß, sondern vor allem dieses, wie nun in ganz anderer Tiefe gegenüber der Erklärung am Eingang verlautet, was »man entweder nicht erfährt oder nicht achtet«. Die geschundenen Pferde im ›Römischen Carneval‹. Der Dachs im ›Sankt Rochus-Fest zu Bingen‹. Hauptzeugnisse für den inneren Stil goethescher Festbeschreibungen, für das hohe Maß an Reflexion, das sie durchformt, ja für Goethes Liebe zur Kreatur, die da mitbildet, gerade die Schatten gewissenhaft auflichtet. Unterschlägt man diese wichtige dunkle Seite des ›Römischen Carneval‹, hat man das eigentlich Dichterische der Darstellung verfehlt.

Mit dem Ave-Läuten – ein unschuldiges Signal, »die Epoche der einbrechenden Nacht«, nun Signal für das absolute Chaos, von hier spannt sich der Bogen bis zu dem Abschnitt ›Spazierfahrt im Corso‹ zurück, der offenkundig zur dramatischen Exposition des Ganzen gehört – beginnt eine Art ›Abrennen‹ der Kutschen. Der Abschnitt ›Aufgehobne Ordnung‹ stellt nicht, wie man meinen könnte, den Gipfel der Karnevalsfreiheit dar, sondern faßt den Punkt, wo diese sich gleichsam selbst verdammt, das ungeheure Gedränge zuletzt einen solchen Knoten bildet, daß kein Weiterkommen mehr ist. Der erregende Punkt, den Goethe besonders herauszuarbeiten suchte, war hierbei: daß es gerade das natürlich gesetzgebende, von ihm selbst im Aufsatz über das ›Stundenmaß der Italiäner‹ so gerühmte Zeichen der einbrechenden Nacht ist, das nun gesetzmäßig zur Aufhebung der Ordnung führt. Da »die Umfahrt im Carneval in derselben Straße und nach ähnlichen Gesetzen geschieht obgleich hier die Menge und andere Umstände einen großen Unterschied machen«, läßt sich zwangsläufig auch jetzt keiner das Recht nehmen, beim ersten Ave prompt »umzukehren, wann und wie er will«. Das zurückkehrende Pferd, das auf die Verwirrung trifft und das Unheil vermehrt, erscheint dagegen wieder mehr als Opfer: es kann noch weniger aus seiner Bahn, aber hier erwartete man auch kein Handeln nach den »Gesetzen der Vernunft«. »Er nennts Vernunft und brauchts allein, / Nur tierischer als jedes Tier zu sein.« Hat Goethe ein Anschauungsstück zu diesen Mephisto-Versen geben wollen, so hier, in diesem alle »Gesetze der Vernunft und Billigkeit« sprengenden Umlenken.

Was Goethe am Karneval eigentlich verhaßt war, ja bedrohlich erschien, war – beim Thema ›Aufgehobne Ordnung‹ wird dies besonders deutlich – weniger das Obszöne, sondern solche ›Ausschweifung‹ vor der Vernunft. Man kann Goethe darum, weil er zugleich die Gesetze für solche Ungesetzlichkeit aufgedeckt hat, nicht vorwerfen, er sei dem Chaos ausgewichen; im Gegenteil, er hat es bezwungen.

Was bedeutet es, daß Goethe uns aus dem Höhepunkt der »Aufgehobnen Ordnung« mit einem Mal in die römischen Maskenbälle höchsten Stils führt? – Gegenbewegung war gefordert. Der Auflösung aller Formen zu Einbruch der Nacht entgegnen die Hochformen der Karnevalsmaskierung im »schön erleuchteten« Theater Aliberti. Hier endlich begegnen uns, als Steigerung und Abschluß des »Masken«-Themas, das einmal am Anfang mummenschanzartiger erklang, die Kunst-Masken aus der Antike, gleichsam die »Klassische Walpurgisnacht« des ›Römischen Carneval‹. Im scharfen Abstich gegen die vorausgehend geschilderte gesetzlose Bewegung von Menschen aller Masken im Corso erscheint, neben der Kunst-Maske, nun auch der Kunst-»Tanz«, z. B. das Menuett, das nur von wenigen Paaren »kunstmäßig« beherrscht und »ganz eigentlich als Kunstwerk betrachtet« wird. So kommt, zu den stark gezeichneten Schatten beim ›Abrennen‹ sowie der Nacht der ›Aufgehobnen Ordnung‹, helles Licht ins Gemälde, streng gebundene Bewegung; ja vor der Starrheit der antiken Masken scheint das Chaos wie nie gewesen. Licht und Schatten wiegen sich auf dem Höhepunkt ins Gleiche. Der Höhepunkt wird so zugleich überschritten, die Themen, die angelegt waren, sind auf den Gipfel gelangt. Was folgt, kann nur noch der Abgesang sein.

Wie hat Goethe ihn gestaltet? – Als letzten Höhepunkt.

Der Abschnitt ›Morgen‹ ist ein Neueinsatz. Er hat etwas Ödes, dieser »Morgen«. Die Reinigungsarbeiten an der Straße beginnen wieder. Das Verlierer-Pferd vom Vortag wird gedemütigt.

»Man setzt einen kleinen Knaben darauf, und ein

anderer Reiter, mit einer Peitsche, treibt es vor sich her, so daß es alle seine Kräfte anstrengt, um seine Bahn so geschwind als möglich zurückzulegen.« (S. 58)

Sonst nichts Besonderes. Das ist der Zweck. Wir sollen, nicht zuletzt, einen Eindruck vom jeden Tag sich wiederholenden »Zirkel des Festes« erhalten. Dazu gehört auch das Pferderennen, das, wie immer mehr ersehnt als je zuvor, am ›Letzten Tag‹ als Höhepunkt zurücktreten muß.

»Endlich rauscht auch dieser Augenblick vorbei, die Zeichen werden gegeben, daß das Fest geendigt sei; allein weder Wagen, noch Masken, noch Zuschauer weichen aus der Stelle.

Alles ist ruhig, alles still, indem die Dämmerung sachte zunimmt.« (S. 58 f.)

Wer dies nicht als spannungsvollen Übergang zum abschließenden Höhepunkt der ›Moccoli‹ versteht, für den hat Goethe das umsonst geschrieben. – Die Peitschenknalleffekte, Mörserknall und Aveläuten, das Abrennen von Pferden oder Kutschen auf ein bestimmtes lautes Signal, sind verbraucht. Wie Goethe hier aus der Stille, dem Nichtreagieren von Tausenden von Masken, Wagen, Zuschauern auf ein Zeichen – »die Zeichen« nämlich, »daß das Fest geendigt sei« – als stünde ein versteinertes Karneval im Corso, sodann dem fast lyrischen Bild der »sachte« zunehmenden »Dämmerung«, in der die reglose verkappte Menge plötzlich wie in weite Ferne getaucht erscheint, die Energien gewinnt, den Umschlag in die vom Refrain des »Sia ammazzato« und dem Kampf der Lichter erfüllte Nacht der »Moccoli« zu realisieren, ist höchste Kunst. Dem Moment der

Stille vor dem »Abrennen«, mit dem vom Volk gereinigten Platz, umgekehrt entsprechend entsteht hier eine fast magische Stille. Wagen, Kutscher und Zuschauer verharren wie leblose Bilder, den einen Augenblick des völligen Dunkels erwartend, wo sie noch einmal zu höchstem Scheinleben erwachen sollen, bevor sie ins Unlebendige zurücksinken müssen. Ein Stück Trauer weht uns aus diesem Bild des Corso an, das schwerlich zu zeichnen ist. Einer Ballett-Aufführung des ›Römischen Carneval‹ gelänge hier vielleicht die herrlichste Szene.

Mit Einbruch völliger Nacht verwandelt sich die Szene. Lichter erscheinen.

»Kaum wird es in der engen und hohen Straße düster, so siehet man hie und da Lichter erscheinen, an den Fenstern, auf den Gerüsten sich bewegen und in kurzer Zeit die Zirkulation des Feuers dergestalt sich verbreiten, daß die ganze Straße von brennenden Wachskerzen erleuchtet ist.« (S. 59)

Doch am Ende des römischen Karneval steht kein stimmungsvolles Lichterfest. Das wird schon daran deutlich, daß jeder bemüht ist, mit seinem Licht möglichst in die Höhe zu reichen.

»... unter den Fußgängern erscheinen manche mit hohen Lichterpyramiden auf den Köpfen, andere haben ihr Licht auf zusammengebundene Rohre gesteckt und erreichen mit einer solchen Rute oft die Höhe von zwei, drei Stockwerken.« (S. 59)

Das Losungsgeschrei der »Moccoli«-Nacht, das »Sia ammazzato«, macht vollends klar, daß es bei diesem letzten Spiel des Karneval symbolisch um Tod oder

Leben geht. Obwohl der Losungsvers, je lauter und fortgesetzter er gebrüllt wird, »von seinem fürchterlichen Sinn« verliert, wie Goethe weit vorausschauend ein Gesetz bei dynamischen Prozessen der Massensuggestion ausspricht, stimmt uns des Dichters gleichzeitige Erinnerung an die täglichen Morde in Rom nicht eben heiter. Mit den Lichtern ist es nicht anders. Jeder versucht, das nächste Licht auszublasen oder das seinige eiligst wieder anzuzünden. Wohl wird uns bei diesen fortgesetzten Licht-Morden nicht. Das alte Saturnal, die Idee der Gleichheit aller Stände und Alter, lebt im Taumel dieser Nacht ins Gespenstische verzerrt wieder auf.

»Alle Stände und Alter toben gegeneinander, man steigt auf die Tritte der Kutschen, kein Hängeleuchter, kaum die Laternen sind sicher, der Knabe löscht dem Vater das Licht aus und hört nicht auf zu schreien: Sia ammazzato il Signore Padre! Vergebens, daß ihm der Alte diese Unanständigkeit verweist: der Knabe behauptet die Freiheit dieses Abends und verwünscht nur seinen Vater desto ärger.« (S. 61)

Das »Moccoli«-Spiel des römischen Karneval: die *römische* Lösung des Ödipus-Komplexes? – Bewirkt es, indem sie gebrüllt werden dürfen, eine Reinigung von Ur-Aggressionen?

Der Dichter scheint nicht dieser Auffassung zu sein.

Das Karneval bedarf der Diagnose. Erst noch ein atembetäubendes Gedränge in der Mitte des Corso. Dann »schmilzt« die Masse »von den Enden nach der Mitte zu«. Das ist mit den Augen des Naturwissenschaftlers diagnostiziert. Das Ende dieses Fests »allgemeiner Freiheit und Losgebundenheit«: »allgemeine Betäubung«. Ein Zustand tieferer Gefangenheit als zuvor.

An wenigen prägnanten Stellen machen Sperrungen offenkundig, was für Goethe der Grundton des Ganzen war, wo er die Federstriche verstärkt sehen wollte. In dem *»langen und schmalen Corso«*, heißt es zuerst (›Vorbereitungen auf die letzten Tage‹), beschränkt sich das ganze Fest. Noch bevor das Ganze in Bewegung kommt, mit dem Einzug der Kutschen schon in das vorhandene Gedränge, das das Bild des hinter einem durchfahrenden Schiff wieder zusammenschlagenden Wassers, ja, bedrohlich genug, der »wie auf den Köpfen der erdrückten Menge« schwimmenden Staatswagen heraufruft, wollte der Dichter ferner den »Begriff von einem *engen, ja beinahe ängstlichen Zustande*« geben. Schon an diesen beiden Sperrungen – das Enge: für Goethe eine Kategorie des Tragischen – ist das ganze Drama aufs knappste zusammengefaßt, der hier so wichtige Zusammenhang des ganzen Verlaufs mit dem *Ort* schlaglichtartig noch einmal erhellt. Auf dem Höhepunkt schließlich ist nicht der glänzende Augenblick der vorbeifliegenden Pferde gesperrt, sondern das gedachte Losungsgebrüll der Moccoli: *»Ermordet werde, der kein Lichtstümpfchen trägt!«* – es muß Goethe durch Mark und Bein gegangen sein, und wenn er der abgeschwächten Wirkung dieses Rufs durch seine unausgesetzte Wiederholung gedenkt, so ist dies auch ein Versuch der Selbstrettung. Die letzte Sperrung der Beschreibung betrifft aber die von Goethe angefügte Schlußbetrachtung: eine *»Aschermittwochsbetrachtung«* im höheren

Sinne, verstanden nämlich von der Geist-Verantwortung her, vor die Goethe dieses Fest zu stellen gewagt hat. Drei solche »Aschermittwochsbetrachtungen« folgen sich steigernd aufeinander. Daß wir »mitten unter dem Unsinne« auf die »wichtigsten Szenen unsers Lebens« aufmerksam werden, haben die einzelnen Szenen des ›Römischen Carneval‹ schon unmittelbar bezeugt. Am wenigsten zu erwarten, für Goethe jedoch höchst eigentümlich folgt die Betrachtung zum Beengten und Drangvollen der »Wege des Weltlebens«, auf die wir schon hingewiesen haben: sie geht wieder ganz auf die Grundbedingung, die *»lange und schmale«* Straße zurück – ein weiter Weg vom Bild der »Sonnenpferde« im ›Egmont‹, wo allenfalls Mühe und Gefahr des Steuerns zu Wort kommen, bis zur hier sich zusammenziehenden unsäglichen Mühe des bloßen Gehens selbst. Die letzte Betrachtung geht in die Natur der Sache selber und faßt den Kern.

»Dürfen wir fortfahren ernsthafter zu sprechen, als es der Gegenstand zu erlauben scheint, so bemerken wir: daß die lebhaftesten und höchsten Vergnügen, wie die vorbeifliegenden Pferde, nur einen Augenblick uns erscheinen, uns rühren, und kaum eine Spur in der Seele zurücklassen, daß Freiheit und Gleichheit nur in dem Taumel des Wahnsinns genossen werden können, und daß die größte Lust nur dann am höchsten reizt, wenn sie sich ganz nahe an die Gefahr drängt und lüstern ängstlich-süße Empfindungen in ihrer Nähe genießet.« (S. 63)

Dies ist ein Hauptzeugnis für Goethes prophetischen Blick. Die Französische Revolution hat dem römischen

Karneval, bald nach Goethes Aufenthalt in Italien, ein Ende gemacht.[26] Doch wäre dies nicht so, so wären Goethes Worte trotzdem wahr. Sie deuten auf das Grundgesetz, das in der dunkel-hellen Komposition des ›Römischen Carneval‹ beschlossen ist: »Derselbe aber ist Hades und Dionysos.«[27] So hat Heraklit dieses Grundgesetz formuliert. – Und beginnt und schließt da nicht auch jener erste unwillige Fest-Denker mit unverhohlenem Verdruß über die Feiernden? –

Warum verbittert uns Goethe zuletzt das Karneval?

Das »carpe diem«, mit dem er schließt, hören wir kaum über der vorgezogenen Bilanz, wonach »das Leben im Ganzen, wie das Römische Carneval, unübersehlich, ungenießbar, ja bedenklich bleibt«.

Der Heimgekehrte spricht das, dessen Traum von der Heimkehr nicht in Erfüllung gehen sollte.

Anmerkungen.

Abgekürzt zitierte Literatur ist im folgenden Literaturverzeichnis aufgeschlüsselt

1 *IR* Rom, 20. Februar 1787 (Aschermittwoch); HA XI 175

2 Keller, S. 120

3 Vgl. aber Keller, S. 121

4 Keller, S. 122, behauptet zu Unrecht, das römische Karneval sei – wie das ›Sankt-Rochus-Fest zu Bingen‹ – »ohne eigentlich antiken Bezug«.

5 S. unsere Anm. zu S. 20 des ›Römischen Carneval‹: ›Saturnalien‹

6 Das Muster der Vase und der Dekoration lag wohl vor. Doch die Bestimmung als Titelvignette, die Anweisung für die Art der Ausführung dürfte auf Goethe selbst zurückgehen (man beachte die durch die Verschiebung der Vasendekoration bewirkte ›freie Mitte‹ – wie bei dem von Goethe entworfenen Wappen für Zelter: »wodurch das Auge von einer strengen Vergleichung der beiden Seiten entbunden ist«. (Goethe an Z., 4. 2. 1831)

7 Vgl. Aristoteles, Poetik, Kap. 4 (1449 a, 9–21)

8 Von Keller unterschlagen. Entsprechend meint Keller, S. 125, »daß die letzten sieben Tafeln des Buches

mit dem ›Römischen Karneval‹ nichts mehr zu tun haben«.

9 S. unsere Anm. u. Abb. zu S. 36 des ›Römischen Carneval‹

10 Vgl. Keller, S. 125

11 Vgl. Clementi II, S. 202 ff.

12 *T* (24. September 1786), S. 86

13 *IR* Rom, Februar 1788 (Bericht); HA XI 519 f.

14 *IR* Rom, Februar 1788 (Bericht); HA XI 520

15 *IR* Rom, September 1787 (Bericht); HA XI 404

16 *T* (6. April 1787), S. 183:

»*Pietra della Santa* Kalckspat. zweifelhaft Löcher. Striemen, Ursache.

Gipfel. Höhlen. Ziegendreck. Höhle der heiligen. Halle wie andre Kirchen. – Schiff, Vorhof, Beichtstühle. Altäre unten verdeckt. Bäume, Felsen rechts. Löcher, Grotte. Bley Ableitungen. Bindfaden. Inschrift. Hl. im Grabe. Licht. Wasser. Gefäß. Altar.

Heilige. Marmorbild. Gesicht und Hände. Liegend in Entzückung, Rechte Hand unter dem Kopf, Ring am kleinen Finger, Armband an der Hand, Lincke Hand an der Brust, voll Ringe die finger, Locken best vergoldet. Natürliche schöne Haare. Kleid, Metall verguldet. Engel der ihr Blumen reicht. Goldne Blumen Krone auf dem Haupt. Gegitter Messing Blumen Drat darüber. Lampen. Maltheser Kreuz.«

17 *IR* Rom, Februar 1788 (Bericht), a. a. O. (Anm. 14)

18 Vgl. unsere Anm. zu S. 20 des ›Römischen Carneval‹

19 Abb. 3: Die Eröffnung des römischen Karneval (Museo di Roma; Clementi II, Tafel I, S. 25)

20 Abb. 4: Festgetümmel auf dem Corso (Museo di Roma; Clementi II, Tafel XIII, S. 294)

21 Keller, S. 125

22 Keller, S. 125

23 Keller, S. 125

24 Abb. 5: Die Rennpferde vor dem Seil (Museo di Roma; Clementi II, Tafel V, S. 105)

Abb. 6: Die ›Barberi‹ auf dem Corso (Museo di Roma; Clementi II, Tafel XII, S. 285)

25 Zu Unrecht behauptet Keller, S. 125, Goethe habe »die Toten und Verwundeten« beim Rennen unterschlagen, ja überhaupt kein Wort über das Einfangen der Pferde gesagt: »Das alles war zu laut für Goethe.« (!)

26 In Köln hielt sich noch ein ›Ableger‹ des röm. Karneval, von Goethe – ohne ausdrücklichen Bezug auf dieses – ganz analog beurteilt: Vgl. ›Ansichten, Risse und einzelne Theile des Doms zu Köln ... von Sulpiz Boisserée‹ (›Kunst und Alterthum‹ IV 1 und V 1: WA I 49^{II} 187-189)

27 Heraklit, frg. 15 (Diels/Kranz)

Literatur- und Abkürzungsverzeichnis.

Clementi Filippo Clementi: Il Carnevale Romano nelle cronache contemporanee dalle origini al secolo XIX. 2 Bde., Città di Castello 1938 f.

Einem Herbert v. Einem: Goethe: Italienische Reise. Hrsg. und kommentiert. Bd. XI der ›Hamburger Ausgabe der Werke Goethes‹ (letzte Auflage: München 1982); auch als Sonderausgabe München 1978.

HA Hamburger Ausgabe der Werke Goethes. Hrsg. von Erich Trunz u. a. (röm. Ziffer: Band).

IR Goethe: Italienische Reise (1816/1829).

Keller Harald Keller: Goethe: Das römische Carneval. Faksimile der Erstausgabe. Mit einem Nachwort von H. K., Dortmund 1978 (Die bibliophilen Taschenbücher 60).

Redslob Edwin Redslob: Goethes ›Römischer Carneval‹ in alter und in neuer Gestalt. In: Philobiblon 3 (1959), S. 98 ff.

T Goethe: Tagebuch der italienischen Reise 1786. Hrsg. und erläutert von Christoph Michel, Frankfurt a. M. [3]1982 (1976) (insel taschenbuch 176).

WA Goethes Werke. Weimarer Ausgabe. 143 Bände, 1887-1919 (röm. Ziffer: Abteilung; arabische Ziffern: Band und Seite; Exponent: Teilband). ›Das Römische Carneval‹ und zwei der Aufsätze ›Über Italien‹ sind in

Bd. 32 (›Italienische Reise III‹) der 1. Abteilung gedruckt (1906); Hrsg. Julius Wahle, Redakteur Erich Schmidt.

*

An dieser Stelle danke ich meinem Mann Christoph Michel für seine Mitwirkung an der Entstehung dieses Bändchens. Ferner Hildegard Michel für ihre erfolgreiche Recherche in den Antiquariaten Roms nach dem zum Verständnis des historischen römischen Karnevals unschätzbaren Buch von Clementi. Gedankt sei nicht zuletzt Hans Grüters im Freien Deutschen Hochstift in Frankfurt/M. für seine Hilfe bei der Beschaffung der ›Merkur‹-Aufsätze, sowie Herrn Dr. Franz-Heinrich Hackel für seine freundliche Begleitung des Unternehmens.

I. K. Freiburg i. Br., im Dezember 1983

II.

ÜBER ITALIEN

Der Teutsche Merkur

vom

Jahre 1789.

Ihro Römisch-Kayserlichen Majestät
zugeeignet.

Mit Königl. Preuß. und Churfürstl. Brandenburg.
gnädigstem Privilegio.

Viertes Vierteljahr.

Weimar.

ÜBER ITALIEN. FRAGMENTE EINES REISEJOURNALS.*

I. Rosaliens Heiligtum
Oktober 1788

II. Zur Theorie der bildenden Künste. Baukunst. Material der bildenden Kunst
Oktober 1788

III. Stundenmaß der Italiener
Oktober 1788

IV. Frauenrollen auf dem römischen Theater durch Männer gespielt
November 1788

V. Neapel. »Volkmanns historisch-kritische Nachrichten von Italien. Dritter Band.« Lazaroni
November 1788

VI. Plinius Naturgeschichte. Drittes Buch, fünftes Kapitel. Lebensgenuß des Volks in und um Neapel
November 1788

VII. Einfache Nachahmung der Natur, Manier, Stil
Februar 1789

VIII. Von Arabesken
Februar 1789

---

* *Zum Titel s. die »Vorbemerkung« (oben, S. 14f.). Die Numerierung der Aufsätze (in Klammern das Erscheinungsdatum im ›Teutschen Merkur‹) ist von I bis VIII mit der im ›Merkur‹ (und in Band 12 der*

IX. Volksgesang. Venedig. Rom. Ritornelli. Vaudevilles. Romanze. Geistliches dialogisiertes Lied. Die Tarantella
März 1789

X. Naturlehre. Neapel, den 10. Jan. 178-. Naturlehre. Antwort
Februar/März 1789

XI. Über die bildende Nachahmung des Schönen von Carl Philipp Moritz
Juli 1789

XII. Über Christus und die zwölf Apostel, nach Raphael von Mark-Anton gestochen, und von Herrn Prof. Langer in Düsseldorf kopiert
Dezember 1789

Werkausgabe 1808) identisch. Unsere Nr. X (»Naturlehre« / »Antwort«) trägt im ›Merkur‹ die Nrn. 9 und 10; dazwischen eingeschoben ist dort der Aufsatz »Volksgesang« (unnumeriert; in der Ausgabe von 1808 sind »Naturlehre« / »Antwort« eliminiert; an ihre Stelle tritt, als Nr. 9, der die Reihe beschließende Aufsatz »Volksgesang«). Die Aufsätze XI und XII sind im ›Merkur‹ nicht mehr numeriert.

I.
ROSALIENS HEILIGTUM.

Die heilige *Rosalie*, Schutzpatronin von Palermo, ist durch die Beschreibung, welche Brydone von ihrem Feste gegeben hat, so allgemein bekannt worden, daß es wohl nicht unangenehm sein möchte, hier etwas von dem Orte, wo sie besonders verehrt wird, zu lesen.

Der *Monte Pellegrino*, eine große Felsenmasse, breiter als hoch, liegt an dem nordwestlichen Ende des Golfs von Palermo. Seine schöne Form läßt sich mit Worten nicht beschreiben; eine unvollkommne Abbildung davon findet sich in dem *Voyage Pittoresque de la Sicile.* Er bestehet aus einem grauen Kalkstein der ersten Epoche; die Felsen sind ganz nackt, kein Baum, kein Strauch wächst auf ihnen, kaum daß die flachliegenden Teile mit etwas Rasen und Moos bedeckt sind.

In einer Höhle dieses Berges entdeckte man zu Anfang des vorigen Jahrhunderts die Gebeine der Heiligen, und brachte sie nach Palermo. Ihre Gegenwart befreite die Stadt von der Pest, und Rosalie war seit diesem Augenblicke die Schutzheilige des Volks; man baute ihr Kapellen, und stellte zu ihrer Ehre glänzende Feierlichkeiten an.

Die Andächtigen wallfahrteten fleißig auf den Berg, und man erbaute mit großen Kosten einen Weg, der wie eine Wasserleitung auf Pfeilern und Bogen ruht, und in einem Zickzack zwischen zwei Klippen hinaufsteigt.

Der Andachtsort selbst ist der Demut der Heiligen, welche sich dahin flüchtete, angemessener, als die prächtigen Feste, welche man ihrer völligen Entäußerung von der Welt zu Ehren anstellte. Und vielleicht hat die ganze Christenheit, welche nun achtzehnhundert Jahre ihren Besitz, ihre Pracht, ihre feierlichen Lustbarkeiten auf das Elend ihrer ersten Stifter und eifrigsten Bekenner gründet, keinen heiligen Ort aufzuweisen, der auf eine so unschuldige und gefühlvolle Art verziert und verehrt wäre.

Wenn man den Berg erstiegen hat, wendet man sich um eine Felsenecke, wo man gleich einer steilen Felswand gegenübersteht, an welche die Kirche und das Kloster gleichsam festgebaut sind.

Die Außenseite der Kirche hat nichts Einladendes noch Versprechendes; man eröffnet die Türe ohne Erwartung, wird aber auf das wunderbarste überrascht, indem man hineintritt. Man befindet sich unter einer Halle, welche in der Breite der Kirche hinläuft, und gegen das Schiff zu offen ist. Man sieht in derselben die gewöhnlichen Gefäße mit Weihwasser und einige Beichtstühle. Das Schiff der Kirche ist ein *offner Hof*, der an der rechten Seite von rauhen Felsen, auf der linken von einer Kontinuation der Halle zugeschlossen wird. Er ist mit Steinplatten etwas abhängig belegt, damit das Regenwasser ablaufen kann; ein kleiner Brunnen steht ohngefähr in der Mitte.

Die *Höhle* selbst ist zum *Chor* umgebildet, ohne daß man ihr von der natürlichen rauhen Gestalt etwas genommen hätte. Einige Stufen führen hinauf; gleich steht der große Pult mit dem Chorbuche entgegen; auf beiden Seiten die Chorstühle. Alles wird von dem aus dem Hofe oder Schiff einfallenden Tageslicht erleuchtet. Tief hinten, in dem Dunkel der Höhle, steht der Hauptaltar in der Mitte.

Man hat, wie ich schon gesagt, an der Höhle nichts verändert; allein da die Felsen immer von Wasser träufeln, war es nötig den Ort trocken zu halten. Man hat dieses durch bleierne Rinnen bewirket, welche man an den Kanten der Felsen hergeführt und verschiedentlich miteinander verbunden hat. Da sie oben breit sind, und unten spitz zulaufen, auch mit einer schmutzig grünen Farbe angestrichen sind, so sieht es fast aus, als wenn die Höhle inwendig mit großen indianischen Feigen bewachsen wäre. Das Wasser wird teils seitwärts, teils hinten in einen klaren Behälter geleitet, woraus es die Gläubigen schöpfen und gegen allerlei Übel gebrauchen.

Da ich diese Gegenstände genau betrachtete, trat ein Geistlicher zu mir und fragte mich: ob ich etwa ein Genueser sei und einige Messen wollte lesen lassen? Ich versetzte ihm darauf: ich sei mit einem Genueser nach Palermo gekommen, welcher morgen als an einem Festtage heraufsteigen würde. Da immer einer von uns zu Hause bleiben müßte, wäre ich heute heraufgegangen, mich umzusehen. Er versetzte darauf, ich möchte mich aller Freiheit bedienen, alles wohl betrachten, und meine Devotion verrichten. Besonders wies er mich an einen Altar, der links in der Höhle stund, als ein besonderes Heiligtum, und verließ mich.

Ich sahe durch die Öffnungen eines großen, aus Messing getriebenen Laubwerks, Lampen unter dem Altar hervorschimmern, kniete ganz nahe davor hin, und blickte durch die Öffnungen. Es war inwendig noch ein Gitterwerk von feinem geflochtenem Messingdraht vorgezogen, so daß man nur wie durch einen Flor den Gegenstand dahinter unterscheiden konnte.

Ein schönes Frauenzimmer erblickte ich bei dem Schein einiger stillen Lampen.

Sie lag, wie in einer Art von Entzückung, die Augen halb geschlossen, den Kopf nachlässig auf die rechte Hand gelegt, die mit vielen Ringen geschmückt war. Ich konnte das Bild nicht genug betrachten; es schien mir ganz besondere Reize zu haben. Ihr Gewand ist aus einem vergoldeten Blech getrieben, welches einen reich von Golde gewirkten Stoff gar gut nachahmt. Kopf und Hände von weißem Marmor, sind, ich darf nicht sagen in einem hohen Stil, aber doch so natürlich und gefällig gearbeitet, daß man glaubt, sie müßte Atem holen und sich bewegen.

Ein kleiner Engel steht neben ihr und scheint ihr mit einem Lilienstengel Kühlung zuzuwehen.

Unterdessen waren die Geistlichen in die Höhle gekommen, hatten sich auf ihre Stühle gesetzt, und sangen die Vesper.

Ich setzte mich auf eine Bank, gegen dem Altar über, und hörte ihnen eine Weile zu: alsdann begab ich mich wieder zum Altare, kniete nieder, und suchte das schöne Bild der Heiligen noch deutlicher gewahr zu werden, und überließ mich der reizenden Illusion der Gestalt und des Orts.

Der Gesang der Geistlichen verklang nun in der Höhle, das Wasser rieselte in das Behältnis gleich neben dem Altare zusammen, die überhangenden Felsen des Vorhofs, des eigentlichen Schiffs der Kirche, schlossen die Szene noch mehr ein; es war eine große Stille in dieser gleichsam wieder ausgestorbenen Wüste, eine große Reinlichkeit in einer wilden Höhle; der Flitterputz des katholischen, besonders sizilianischen Gottesdienstes hier noch zunächst seiner natürlichen Einfalt; die Illusion, welche die Gestalt der schönen Schläferin hervorbrachte, auch einem geübten Auge noch reizend – genug, ich konnte mich nur mit Schwierigkeit von diesem Orte losreißen, und kam erst in später Nacht wieder in Palermo an.

Ich habe nachher manchmal mit mir selbst darüber gescherzt, und das Vergnügen, das ich dort empfunden, mehr einer glücklichen Stimmung und einigen Gläsern guten sizilianischen Weins, als den Gegenständen selbst zuschreiben wollen: allein zu meiner Rechtfertigung fand ich in dem *Voyage Pittoresque de la Sicile* folgende Stelle: *la Statue est de bronze doré, avec les mains et la tête en marbre blanc, mais si parfaitement sculptée et dans une position si naturelle, que l'on seroit tenté de la croire vivante* – daß ich also nach diesem Zeugnis mich des Eindrucks, den jenes leblose Bild auf mich gemacht, nicht schämen darf.

An der Seite der Kirche und des kleinen daran gebauten, damit verbundenen Klosters, sind noch einige, beinahe gleich große Höhlen, welche doch nur den Ziegenherden zum Schutz und zum natürlichen Stalle dienen.

II.
ZUR THEORIE DER BILDENDEN KÜNSTE.

Baukunst.

Es war sehr leicht zu sehen, daß die Steinbaukunst der Alten, insofern sie Säulenordnungen gebrauchten, von der Holzbaukunst ihr Muster genommen habe. *Vitruv* bringt bei dieser Gelegenheit das Märchen von der Hütte zu Markte, das nun auch von so vielen Theoristen angenommen und geheiliget worden ist: allein ich bin überzeugt, daß man die Ursachen viel näher zu suchen habe.

Die dorischen Tempel der ältesten Ordnung, wie sie in Großgriechenland und Sizilien, bis auf den heutigen Tag noch zu sehen sind, und welche Vitruv nicht kannte, bringen uns auf den natürlichen Gedanken: daß nicht eine hölzerne Hütte zuerst den sehr entfernten Anlaß gegeben habe.

Die ältesten Tempel waren von Holz, sie waren auf die simpelste Weise aufgebaut, man hatte nur für das Notwendigste gesorgt. Die Säulen trugen den Hauptbalken, dieser wieder die Köpfe der Balken, welche von innen heraus lagen, und das Gesims ruhte oben drüber. Die sichtbaren Balkenköpfe waren, wie es der Zimmermann nicht lassen kann, ein wenig ausgekerbt, übrigens aber der Raum zwischen denselben, die sogenannten *Metopen*, nicht einmal verschlagen, so daß man die Schädel der Opfertiere hineinlegen, daß Pylades, in der Iphigenie auf Tauris des Euripides, hindurch zu kriechen den Vorschlag tun konnte. Diese ganz solide, einfache und rohe Gestalt der Tempel war jedoch dem Auge des Volks heilig, und da man anfing von Stein zu bauen, ahmte man sie so gut man konnte im dorischen Tempel nach.

Es ist sehr wahrscheinlich, daß man bei hölzernen Tempeln auch die stärksten Stämme zu Säulen genommen habe, weil man sie, wie es scheint, ohne eigentliche Verbindung der Zimmerkunst, dem Hauptbalken nur gerad untersetzte. Als man diese Säulen in Stein nachzuahmen anfing, wollte man für die Ewigkeit bauen; man hatte aber nicht jederzeit die festesten Steine zur Hand; man mußte die Säulen aus Stücken zusammensetzen, um ihnen die gehörige Höhe zu geben; man machte sie also sehr stark in Verhältnis zur Höhe, und ließ sie spitzer zugehen, um die Gewalt ihres Tragens zu vermehren.

Die Tempel von Pästum, Segeste, Selinunt, Girgent, sind alle von Kalkstein, der mehr oder weniger sich der Tuffsteinart nähert, die in Italien Travertin genannt wird; ja die Tempel von Girgent sind alle von dem losesten Muschelkalkstein, der sich denken läßt. Sie waren auch deshalb von der Witterung so leicht anzugreifen, und ohne eine andere feindliche Gewalt zu zerstören.

Man erlaube mir eine Stelle des Vitruv hierher zu deuten, wo er erzählt: daß Hermogenes, ein Architekt, da er zu Erbauung eines dorischen Tempels den Marmor beisammengehabt, seine Gedanken geändert, und daraus einen jonischen gebaut habe.

Vitruv gibt zwar zur Ursache an: daß dieser Baumeister so wohl als andre mit der Einteilung der Triglyphen nicht einig werden können; allein es gefällt mir mehr zu glauben, daß dieser Mann, als er die schönen Blöcke Marmor vor sich gesehen, solche lieber zu einem gefälligern und reizendern Gebäude bestimmt habe, indem ihn die Materie an der Ausführung nicht hinderte. Auch hat man die dorische Ordnung selbst immer schlanker gemacht, so daß zuletzt der Tempel des Herkules zu Cora, acht Diameter in der Säulenlänge enthält.

Ich möchte durch das was ich sage, es nicht gerne mit denjenigen verderben, welche für die Form der altdorischen Tempel sehr eingenommen sind. Ich gestehe selbst, daß sie ein majestätisches, ja einige ein reizendes Ansehen haben: allein es liegt in der menschlichen Natur, immer weiter, ja über ihr Ziel fortzuschreiten; und so war es auch natürlich, daß in dem Verhältnis der Säulendicke zur Höhe, das Auge immer das Schlankere suchte, und der Geist mehr Hoheit und Freiheit dadurch zu empfinden glaubte.

Besonders, da man von so mannigfaltigem schönem Marmor sehr große Säulen aus einem Stücke fertigen konnte, und zuletzt noch der Urvater alles Gesteins, der alte Granit, aus Ägypten herüber nach Asien und Europa gebracht ward, und seine großen und schönen Massen zu jedem ungeheuren Gebrauche darbot. Soviel ich weiß, sind noch immer die größten Säulen von Granit.

Die jonische Ordnung unterschied sich bald von der dorischen, nicht allein durch die mehrere verhältnismäßige Säulenhöhe, durch ein verzierteres Capitäl, sondern auch vorzüglich dadurch, daß man die Triglyphen aus dem Friese ließ, und den immer unvermeidlichen

Brüchen in der Einteilung derselben entging. Auch würden nach meinem Begriff die Triglyphen niemals in die Steinbaukunst gekommen sein, wenn die ersten nachgeahmten Holztempel nicht so gar roh gewesen, die Metopen verwahrt und zugeschlossen, und der Fries etwa abgetüncht worden wäre. Allein ich gestehe es selbst, daß solche Ausbildungen für jene Zeiten nicht waren, und daß es dem rohen Handwerk ganz natürlich ist, Gebäude nur wie einen Holzstoß übereinanderzulegen.

Daß nun ein solches Gebäude, durch die Andacht der Völker geheiligt, zum Muster ward; wonach ein anderes, von einer ganz andern Materie, aufgeführt wurde, ist ein Schicksal, welches unser Menschengeschlecht in hundert andern Fällen erfahren mußte, die ihm weit näherlagen, und weit schlimmer auf dasselbe wirkten als Metopen und Triglyphen.

Ich überspringe viele Jahrhunderte und suche ein ähnliches Beispiel auf, indem ich den größten Teil sogenannter gotischer Baukunst aus den Holzschnitzwerken zu erklären suche, womit man in den ältesten Zeiten Heiligenschränkchen, Altäre und Kapellen auszuzieren pflegte; welche man nachher, als die Macht und der Reichtum der Kirche wuchsen, mit allen ihren Schnirkeln, Stäben und Leisten, an die Außenseiten der nordischen Mauern anheftete, und Giebel und formenlose Türme damit zu zieren glaubte.

Leider suchten alle nordische Kirchenverzierer ihre Größe nur in der multiplizierten Kleinheit. Wenige verstanden diesen kleinlichen Formen unter sich ein Verhältnis zu geben; und dadurch wurden solche Ungeheuer wie der Dom zu Mailand, wo man einen ganzen Marmorberg mit ungeheuren Kosten versetzt, und in die elendesten Formen gezwungen hat, ja noch täglich die armen Steine quält, um ein Werk fortzusetzen das nie geendigt werden kann, weil der erfindungslose Unsinn, der es eingab, auch die Gewalt hatte einen gleichsam unendlichen Plan zu bezeichnen.

Material der bildenden Kunst.

Kein Kunstwerk ist unbedingt, wenn es auch der größte und geübteste Künstler verfertiget: er mag sich noch so sehr zum Herrn der Materie machen, in welcher er arbeitet, so kann er doch ihre Natur nicht verändern. Er kann also nur in einem gewissen Sinne und unter einer gewissen Bedingung das hervorbringen, was er im Sinne hat, und es wird derjenige Künstler in seiner Art immer der trefflichste sein, dessen Erfindungs- und Einbildungskraft sich gleichsam unmittelbar mit der Materie verbindet, in welcher er zu arbeiten hat. Dieses ist einer der großen Vorzüge der alten Kunst; und wie Menschen nur dann klug und glücklich genannt werden können, wenn sie in der Beschränkung ihrer Natur und Umstände mit der möglichsten Freiheit leben: so verdienen auch jene Künstler unsere große Verehrung, welche nicht mehr machen wollten, als die Materie ihnen erlaubte, und doch eben dadurch so viel machten, daß wir mit einer angestrengten und ausgebildeten Geisteskraft ihr Verdienst kaum zu erkennen vermögen.

Wir wollen gelegentlich Beispiele anführen, wie die Menschen durch das *Material* zur *Kunst* geführt und in ihr selbst weiter geleitet worden sind. Für diesmal ein sehr einfaches.

Es scheint mir sehr wahrscheinlich, daß die Ägypter zu der Aufrichtung so vieler Obelisken durch die Form des Granits selbst sind gebracht worden. Ich habe bei einem sehr genauen Studium der sehr mannigfaltigen Formen, in welchen der Granit sich findet, eine meist allgemeine Übereinstimmung bemerkt: daß die *Parallelepipeden*, in welchen man ihn antrifft, öfters wieder diagonal geteilt sind, wodurch sogleich zwei rohe Obelisken entstehen. Wahrscheinlich kommt diese Naturerscheinung in Oberägypten, im Syenitischen Gebirge, kolossalisch vor; und wie man, eine merkwürdige Stätte zu bezeichnen, irgendeinen ansehnlichen Stein aufrichtete, so hat man dort zu öffentlichen Monumenten die größten, vielleicht selbst in dortigen Gebirgen seltenen, Granitkeile ausgesucht und hervorgezogen. Es gehörte noch immer Arbeit genug dazu, um ihnen eine regelmäßige Form zu geben, die Hieroglyphen mit solcher Sorgfalt hineinzuarbeiten, und das Ganze zu glätten; aber doch nicht soviel, als wenn die ganze Gestalt, ohne einigen Anlaß der Natur, aus einer ungeheuern Felsmasse hätte herausgehauen werden sollen.

Ich will nicht zur Befestigung meines Arguments die Art angeben, wie die Hieroglyphen eingegraben sind; daß nämlich erst eine Vertiefung in den Stein gehauen ist, in welcher die Figur dann erst erhaben steht. Man könnte dieses noch aus einigen andern Ursachen erklären; ich könnte es aber auch für mich anführen und behaupten: daß man die meisten Seiten der Steine schon so ziemlich eben gefunden, dergestalt daß es viel vorteilhafter gewesen, die Figuren gleichsam zu inkassieren, als solche erhaben vorzustellen, und die ganze Oberfläche des Steins um soviel zu vertiefen.

III.
STUNDENMASS DER ITALIENER.

Eine von den Fremden meist aus einem falschen Gesichtspunkt betrachtete Einrichtung, ist die Art der Italiener die Uhr zu zählen. Sie verwirrt jeden Ankömmling, und weil der größte Teil der Reisenden überall seine Art zu sein fortsetzen, in seiner Ordnung und in seinem Gleise bleiben will: so ist es natürlich daß er sich bitter beschwert, wenn ihm auf einmal ein wichtiges Maß seiner Handlungen gänzlich verrückt wird.

Deutsche Regenten haben in ihren italienischen Staaten schon die uns gewöhnliche Art die Stunden zu zählen eingeführt. Dieser sogenannte französische Zeiger, der zum Trost der Fremden schon lange auf Trinità di Monte zu sehn ist, wird nun bald auch in und außerhalb St. Peter den Reisenden ihre gewohnten Stunden zeigen. Unsere Art zu zählen wird also wohl nach und nach gemeiner werden, ob sich gleich das Volk schwerlich sobald damit befassen wird; und gewiß verlöre es auch eine eigentümliche Landessitte, eine ererbte Vorstellungsart, und eine höchst schickliche Gewohnheit.

Wie oft hören wir von Reisenden das glückliche Land, das schöne Klima, den reinen blauen Himmel, die milde Luft Italiens preisen, und es ist zum größten Teil wahr und unübertrieben. Daraus folgt nun aber fürs Leben:

daß wer nur kann, und so lang er nur immer kann, gern unter freiem Himmel sein und auch bei seinen Geschäften der Luft genießen mag. Wie viele Handwerker arbeiten vor den Häusern auf freier Straße! wie viele Läden sind ganz gegen die Straße zu eröffnet! wie mancherlei geschieht auf den Märkten, Plätzen, und in den Höfen! Daß, bei einer solchen Lebensart, der Moment wo die Sonne untergeht und die Nacht eintritt, allgemeiner entscheidend sein müsse, als bei uns, wo es manchmal den ganzen Tag nicht Tag wird, läßt sich leicht einsehen. Der Tag ist wirklich zu Ende; alle Geschäfte einer gewissen Art müssen auch geendigt werden, und diese Epoche hat, wie es einem sinnlichen Volke geziemt, jahrein, jahraus dieselbige Bezeichnung. Nun es ist Nacht *(Notte)* denn die vierundzwanzigste Stunde wird niemals ausgesprochen, wie man im Französischen Mittag *(Midi)* und nicht zwölf Uhr sagt. Es läuten die Glocken, ein jeder spricht ein kurzes Gebet, der Diener zündet die Lampen an, bringt sie in das Zimmer und wünschet *felicissima notte.*

Von dieser Epoche an, welche immer mit dem Sonnenuntergang rückt, bis zum nächsten Sonnenuntergang, wird die Zeit in 24 Stunden geteilt; und da nun jeder durch die lange Gewohnheit weiß sowohl wann es Tag wird, als in welche Stunde Mittag und Mitternacht fällt: so lassen sich alle Arten von Berechnungen gar bald machen, an welchen die Italiener ein Vergnügen und eine Art von Unterhaltung zu finden scheinen. Natürlicherweise findet sich die Bequemlichkeit dieser Art die Stunden zu zählen bei allen Handlungen, welche auf Tag und Nacht die reinste Beziehung haben, und man sieht wie auf diese Weise die Zeit einer großen sinnlichen Masse Volks eingeteilt werden konnte.

So findet man alle Werkstätte, Studien, Comptoire, Banken, durch alle Jahreszeiten bis zur Nacht offen; jeder kann seine Geschäfte bis dahin verrichten. Hat er müßige Zeit, so kann er seine Spaziergänge bis Sonnenuntergang fortsetzen, alsdann gewisse Zirkel finden und mit ihnen das Nötige verabreden, sich mit Freunden unterhalten; anderthalb bis zwei Stunden in der Nacht eilt alles den Schauspielhäusern zu; und so scheint man sich selbst jahrein, jahraus in derselbigen Zeit zu leben, weil man immer in derselbigen Ordnung alles was auf Tag und Nacht einen Bezug hat verrichtet, ohne sich weiter zu bekümmern, ob es nach unserer Art zu rechnen früh oder spät sein möchte.

So wird der große Zusammenfluß von Fahrenden und Fußgängern, welcher in allen großen Städten Italiens, besonders an Sonn- und Festtagen, sich gegen Abend in der Hauptstraße auf dem Hauptplatze sehen läßt, so wird der römische Corso, und im Carneval von Rom eine ungeheure Masse von unbändigen Menschen durch diese Art die Stunden zu zählen gleichsam wie an einem Faden gelenkt. Ja, dadurch daß Tag und Nacht so entschieden voneinander absetzen, werden dem Luxus, der so gern Tag und Nacht miteinander vermischt und ineinander verwandelt, gewissermaßen Grenzen gesetzt.

Ich gebe zu, daß der Italiener sein ganzes Leben fortführen, und doch die Stunden nach unserer Art zählen könne; allein es wird ihm unter seinem glücklichen Himmel die Epoche, welche abends Tag und

Nacht scheidet, immer die wichtigste Zeitepoche des Tages bleiben. Sie wird ihm heilig bleiben, weil die Kirche zum Abendgebete nach dem alten Zeitpunkte fortläuten wird. Ich habe sowohl in Florenz als Mailand bemerken können, daß mehrere Personen, obgleich die öffentlichen Uhren alle nach unserem Zeiger gestellt sind, doch ihre Taschenuhren und ihr häusliches Leben nach der alten Zeitrechnung fortführen. Aus allem diesem, zu dem ich noch manches hinzufügen könnte, wird man schon genug erkennen: daß diese Art die Zeit zu rechnen, welche dem Astronomen, dem der Mittag der wichtigste Tagespunkt bleibt, verächtlich scheinen, dem nordischen Fremden unbequem fallen mag, sehr wohl auf ein Volk berechnet ist, das unter einem glücklichen Himmel der Natur gemäß leben und die Hauptepochen seiner Zeit auf das faßlichste fixieren wollte.

IV.
FRAUENROLLEN AUF DEM RÖMISCHEN THEATER DURCH MÄNNER GESPIELT.

Es ist kein Ort in der Welt, wo die *vergangene Zeit* so unmittelbar und mit so mancherlei Stimmen zu dem Beobachter spräche, als Rom. So hat sich auch dort unter mehreren Sitten zufälligerweise eine erhalten, die sich an allen andern Orten nach und nach fast gänzlich verloren hat.

Die Alten ließen, wenigstens in den besten Zeiten der Kunst und der Sitten, keine Frau das Theater betreten. Ihre Stücke waren entweder so eingerichtet, daß Frauen mehr und weniger entbehrlich waren; oder die Weiberrollen wurden durch einen Akteur vorgestellt, welcher sich besonders darauf geübt hatte. Derselbe Fall ist noch in dem neueren Rom und dem übrigen Kirchenstaat, außer Bologna, welches unter andern Privilegien auch der Freiheit genießt, Frauenzimmer auf seinen Theatern bewundern zu dürfen.

Es ist so viel zum Tadel jenes römischen Herkommens gesagt worden, daß es wohl erlaubt sein möchte, auch etwas zu seinem Lobe zu sagen, wenigstens (um nicht allzu paradox zu scheinen), darauf, als auf einen antiquarischen Rest, aufmerksam zu machen.

Von den Opern kann eigentlich hier die Rede nicht sein, indem die schöne und schmeichelhafte Stimme der Kastraten, welchen noch überdies das Weiberkleid besser als Männertracht angemessen scheint, gar leicht mit allem aussöhnet, was allenfalls an der verkleideten Gestalt Unschickliches erscheinen möchte. Man muß eigentlich von Trauer- und Lustspielen sprechen, und auseinandersetzen, inwiefern dabei einiges Vergnügen zu empfinden sei.

Ich setze voraus, was bei jedem Schauspiele vorauszusetzen ist, daß die Stücke nach den Charaktern und Fähigkeiten der Schauspieler eingerichtet seien: eine Bedingung, ohne welche kein Theater und kaum der größte, mannigfaltigste Akteur bestehen würde.

Die neuern Römer haben überhaupt eine besondere Neigung, bei Maskeraden die Kleidung beider Geschlechter zu verwechseln. Im Karneval ziehen viele junge Bursche im Putz der Frauen aus der geringsten Klasse umher, und scheinen sich gar sehr darin zu gefallen. Kutscher und Bediente sind als Frauen oft sehr anständig, und, wenn es junge wohlgebildete Leute sind, zierlich und reizend gekleidet. Dagegen finden sich Frauenzimmer des mittleren Standes als *Pulcinelle*, die vornehmeren in Offizierstracht, gar schön und glücklich. Jedermann scheint sich dieses Scherzes, an dem wir uns alle einmal in der Kindheit vergnügt haben, in fortgesetzter jugendlicher Torheit erfreuen zu wollen. Es ist sehr auffallend, wie beide Geschlechter sich in dem Scheine dieser Umschaffung vergnügen, und das Privilegium des Tiresias soviel als möglich zu usurpieren suchen.

Ebenso haben die jungen Männer, die sich den Weiberrollen widmen, eine besondere Leidenschaft sich in ihrer Kunst vollkommen zu zeigen. Sie beobachten die Mienen, die Bewegungen, das Betragen der Frauenzimmer auf das genaueste; sie suchen solche nachzuahmen, und ihrer Stimme, wenn sie auch den tiefern Ton nicht verändern können, Geschmeidigkeit und Lieblichkeit zu geben; genug sie suchen sich ihres eignen Geschlechts soviel als möglich ist zu entäußern. Sie sind auf neue Moden so erpicht wie Frauen selbst; sie lassen sich von geschickten Putzmacherinnen herausstaffieren, und *die erste Aktrice* eines Theaters ist meist glücklich genug ihren Zweck zu erreichen.

Was die Nebenrollen betrifft, so sind sie meist nicht zum besten besetzt; und es ist nicht zu leugnen, daß *Columbine* manchmal ihren blauen Bart nicht völlig verbergen kann. Allein es bleibt auf den meisten Theatern mit den Nebenrollen überhaupt so eine Sache; und aus den Hauptstädten andrer Reiche, wo man weit mehr Sorgfalt auf das Schauspiel wendet, muß man oft bittre Klagen über die Ungeschicklichkeit der *dritten* und *vierten* Schauspieler, und über die dadurch gänzlich gestörte Illusion, vernehmen.

Ich besuchte die römischen Komödien nicht ohne Vorurteil; allein ich fand mich bald, ohne dran zu denken, versöhnt; ich fühlte ein mir noch unbekanntes Vergnügen, und bemerkte, daß es viele andre mit mir teilten. Ich dachte der Ursache nach, und glaube sie darin gefunden zu haben: *daß bei einer solchen Vorstellung, der Begriff der Nachahmung, der Gedanke an Kunst, immer lebhaft blieb,* und durch das *geschickte Spiel* nur eine Art von *selbstbewußter Illusion* hervorgebracht wurde.

Wir Deutschen erinnern uns, durch einen fähigen jungen Mann, alte Rollen bis zur größten Täuschung vorgestellt gesehen zu haben, und erinnern uns auch des doppelten Vergnügens das uns jener Schauspieler gewährte. Ebenso entsteht ein doppelter Reiz daher, daß diese Personen keine Frauenzimmer *sind*, sondern Frauenzimmer vorstellen. Der Jüngling hat die Eigenheiten des weiblichen Geschlechts in ihrem Wesen und Betragen studiert; er kennt sie und bringt sie *als Künstler* wieder hervor; er spielt nicht sich selbst, sondern eine dritte und eigentlich fremde Natur. Wir lernen diese dadurch nur desto besser kennen, weil sie jemand beobachtet, jemand überdacht hat, und uns nicht die Sache, sondern das Resultat der Sache vorgestellt wird.

Da sich nun alle Kunst hierdurch vorzüglich von der einfachen Nachahmung unterscheidet; so ist natürlich, daß wir bei einer solchen Vorstellung eine eigne Art von

Vergnügen empfinden, und manche Unvollkommenheit in der Ausführung des Ganzen übersehen.

Es versteht sich freilich, was oben schon berührt worden, daß die Stücke zu dieser Art von Vorstellung passen müssen.

So konnte das Publikum der *Locandiera* des Goldoni einen allgemeinen Beifall nicht versagen.

Der junge Mann, der die Gastwirtin vorstellte, drückte die verschiedenen Schattierungen, welche in dieser Rolle liegen, so gut als möglich aus. Die ruhige Kälte eines Mädchens die ihren Geschäften nachgeht, gegen jeden höflich, freundlich und dienstfertig ist, aber weder liebt noch geliebt sein will, noch weniger den Leidenschaften ihrer vornehmen Gäste Gehör geben mag; die heimlichen, zarten Koquetterien, wodurch sie denn doch wieder ihre männlichen Gäste zu fesseln weiß; den beleidigten Stolz, da ihr einer derselben hart und unfreundlich begegnet; die mancherlei feinen Schmeicheleien, womit sie auch diesen anzukirren weiß; und zuletzt den Triumph auch ihn überwunden zu haben.

Ich bin überzeugt, und habe es selbst gesehen, daß eine geschickte und verständige Aktrice in dieser Rolle viel Lob verdienen kann: aber die letzten Szenen, von einem Frauenzimmer vorgestellt, werden immer beleidigen. Der Ausdruck jener unbezwinglichen Kälte, jener süßen Empfindung der Rache, der übermütigen Schadenfreude, werden uns in der unmittelbaren Wahrheit empören; und wenn sie zuletzt dem Hausknechte die Hand gibt, um nur einen Knecht-Mann im Hause zu haben, so wird man von dem schalen Ende des Stücks wenig befriedigt sein. Auf dem römischen Theater dagegen war es nicht die lieblose Kälte, der weibliche Übermut selbst, die Vorstellung *erinnerte* nur daran; man tröstete sich, daß es wenigstens diesmal nicht wahr sei; man klatschte dem Jüngling Beifall mit frohem Mute zu, und war ergötzt, daß er die gefährlichen Eigenschaften des geliebten Geschlechts so gut gekannt, und durch eine glückliche Nachahmung ihres Betragens uns an den Schönen, für alles was wir Ähnliches von ihnen erduldet, gleichsam gerächt habe.

Ich wiederhole also: man empfand hier das Vergnügen, nicht die Sache selbst sondern ihre Nachahmung zu sehen, nicht durch Natur sondern durch Kunst unterhalten zu werden, nicht eine Individualität sondern ein Resultat anzuschauen.

Dazu kam noch, daß die Gestalt des Akteurs einer Person aus der mittleren Klasse sehr angemessen war.

Und so behält uns Rom unter seinen vielen Resten auch noch eine alte Einrichtung, obgleich unvollkommener, auf; und wenngleich nicht ein jeder sich daran ergötzen sollte, so findet der Denkende doch Gelegenheit sich jene Zeiten gewissermaßen zu vergegenwärtigen, und ist geneigter den Zeugnissen der alten Schriftsteller zu glauben, welche uns an mehreren Stellen versichern: es sei männlichen Schauspielern oft im höchsten Grade gelungen, in weiblicher Tracht eine geschmackvolle Nation zu entzücken.

V.
NEAPEL.

»Volkmanns historisch-kritische Nachrichten von Italien. Dritter Band.«

Lazaroni.

»Es gibt in Neapel zwischen dreißig- und vierzigtausend müßige Leute, welche keine bestimmten Geschäfte haben, und auch nicht verlangen. Sie brauchen einige Ellen Leinwand zu ihrer Kleidung, und etwa sechs Pfennige zu ihrem Unterhalte. In Ermangelung der Betten liegen sie des Nachts auf Bänken, und heißen daher spottweise *Banchieri* oder *Lazaroni.* Sie verachten alle Bequemlichkeiten des Lebens mit stoischer Gleichgültigkeit. So viel Müßiggänger sind allerdings ein großes Übel in einem Staate; allein es hält auch schwer den Geschmack einer Nation zu ändern, und sie arbeitsam zu machen, wenn der Hang zur Faulheit so groß ist. Es gehöret Zeit und unermüdete Sorgfalt dazu, um erst eine Art von Nacheiferung bei ihnen zu erregen, und ein König, der im Lande wohnt, der bei seinen Untertanen geliebt und gefürchtet wird, und der fähig ist einen klug und behutsam entworfenen Plan mit Mut durchzusetzen. Neapel könnte alsdann ein viel mächtigeres Reich werden. Die See bietet die schönste Gelegenheit dar, um so viel tausend Hände durch Fabriken, Handlung und Schiffswesen zu beschäftigen. Unter einer solchen Menge von Müßiggängern muß es notwendig gottloses Volk geben; sie bringen die Nation in bösen Ruf, welche im Grunde nicht schlimmer ist, als die übrigen Italiener.«

Ich konnte zu Neapel zwar sehr viele übel gekleidete Menschen bemerken, aber keine unbeschäftigte. Ich fragte deswegen einige Freunde nach den 40 000 Müßiggängern, welche ich doch wollte kennenlernen; sie konnten mir solche ebensowenig zeigen, und so ging ich, weil diese Untersuchung mit der Betrachtung der Stadt genau zusammenhing, selbst auf die Jagd aus.

Ich fing an mich in dem ungeheuren Gewirre mit den verschiedenen Figuren bekanntzumachen, sie nach ihrer Kleidung, Gestalt, Betragen, Beschäftigung zu beurteilen, und zu klassifizieren. Ich fand diese Operation hier leichter als irgendwo, weil der Mensch sich hier mehr selbst gelassen ist, und sich seinem Stande auch äußerlich gemäß bezeigt.

Ich fing meine Beobachtung bei früher Tageszeit an, und alle die Menschen, die ich hie und da stille stehen oder ruhen fand, waren Leute, deren Beruf es in dem Augenblick mit sich brachte;

Die Lastträger, die an verschiedenen Plätzen ihre privilegierten Stände haben, und nur erwarten, bis sich jemand ihrer bedienen will;

Die Calessaren, ihre Knechte und Jungen, die bei den einspännigen Kaleschen, auf den großen Plätzen stehen, ihre Pferde besorgen, und einem jeden der sie verlangt zu Diensten sind;

Schiffer, die auf dem Molo ihre Pfeife rauchen;

Fischer, die an der Sonne liegen, weil vielleicht ein ungünstiger Wind weht, der ihnen auf das Meer auszufahren verbietet. Ich sah auch wohl noch manche hin- und wiedergehen, doch trug meist ein jeder ein Zeichen seiner Tätigkeit mit sich. Von *Bettlern* war keiner zu bemerken, als ganz alte, völlig unfähige und krüppelhafte Menschen. Je mehr ich mich umsah, je genauer ich beobachtete, desto weniger konnte ich weder von der geringen, noch von der mittlern Klasse, weder am Morgen, noch den größten Teil des Tages, ja von keinem Alter und Geschlecht, eigentliche Müßiggänger finden.

Ich gehe in ein näheres Detail, um das was ich behaupte glaubwürdiger und anschaulicher zu machen. Die *kleinsten Kinder*, sind auf mancherlei Weise beschäftigt. Ein großer Teil derselben trägt Fische zum Verkauf von Santa Lucia in die Stadt; andere sieht man sehr oft in der Gegend des Arsenals, oder wo sonst etwas gezimmert wird wobei es Späne gibt, auch am Meere, welches Reiser und kleines Holz auswirft, beschäftigt, sogar die kleinsten Stückchen in Körbchen aufzulesen. Kinder von einigen Jahren, die nur auf der Erde so hinkriechen, in Gesellschaft älterer Knaben von fünf bis sechs Jahren, beschäftigen sich mit diesem kleinen Gewerbe. Sie gehen nachher mit den Körbchen tiefer in die Stadt, und setzen sich mit ihren kleinen Holzportionen gleichsam zu Markte. Der Handwerker, der kleine Bürger, kauft es ihnen ab, brennt es auf seinem Dreifuß zu Kohlen, um sich daran zu erwärmen, oder verbraucht es in seiner sparsamen Küche.

Andere Kinder tragen das Wasser der Schwefelquellen, welches besonders im Frühjahr sehr stark getrunken wird, zum Verkauf herum. Andere suchen einen kleinen Gewinn, indem sie Obst, gesponnenen Honig,

Kuchen und Zuckerware einkaufen und wieder als kindische Handelsleute den übrigen Kindern anbieten und verkaufen; allenfalls, nur um ihren Teil daran umsonst zu haben. Es ist wirklich artig anzusehen, wie ein solcher Junge, dessen ganzer Kram und Gerätschaft in einem Brett und Messer besteht, eine Wassermelone oder einen halben gebratenen Kürbis herumträgt, wie sich um ihn eine Schar Kinder versammlet, wie er sein Brett niedersetzt, und die Frucht in kleine Stücke zu zerteilen anfängt. Die Käufer spannen sehr ernsthaft, ob sie auch für ihr klein Stückchen Kupfergeld genug erhalten sollen; und der kleine Handelsmann traktiert gegen die Begierigen die Sache ebenso bedächtig, damit er ja nicht um ein Stückchen betrogen werde. Ich bin überzeugt, daß man, bei längerem Aufenthalt, noch manche Beispiele solches kindischen Erwerbes sammeln könnte.

Eine sehr große Anzahl von Menschen, teils mittlern Alters, teils Knaben, welche meistenteils sehr schlecht gekleidet sind, beschäftigen sich, das Kehricht auf Eseln aus der Stadt zu bringen. Das nächste Feld um Neapel ist nur ein Küchengarten, und es ist eine Freude zu sehen, welche unsägliche Menge von Küchengewächsen alle Markttage hereingeschafft wird; und wie die Industrie der Menschen sogleich die überflüssigen, von der Köchin verworfenen Teile wieder in die Felder schafft, um den Zirkel der Vegetation zu beschleunigen. Bei der unglaublichen Konsumtion von Gemüsen, machen wirklich die Strünke und Blätter von Blumenkohl, Broccoli, Artischocken, Kohl, Salat, Knoblauch, einen großen Teil des neapolitanischen Kehrichts aus; diesem wird denn auch besonders nachgestrebt. Zwei große biegsame Körbe hängen auf dem Rücken eines Esels, und werden nicht allein ganz vollgefüllt, sondern noch auf jeden mit besonderer Kunst ein Haufen aufgetürmt. Kein Garten kann ohne einen solchen Esel bestehen. Ein Knecht, ein Knabe, manchmal der Patron selbst, eilen des Tages sooft als möglich nach der Stadt, die ihnen zu allen Stunden eine reiche Schatzgrube ist. Wie aufmerksam diese Sammler auf den Mist der Pferde und Maultiere sind, läßt sich denken. Ungern verlassen sie die Straße wenn es Nacht wird; und die Reichen, die nach Mitternacht aus der Oper fahren, denken wohl nicht, daß schon vor Anbruch des Tages ein emsiger Mensch sorgfältig die Spuren ihrer Pferde aufsuchen wird. Man hat mir versichert, daß ein paar solche Leute, die sich zusammentun, sich einen Esel kaufen, und einem größern Besitzer ein Stückchen Krautland abpachten, durch anhaltenden Fleiß in dem glücklichen Klima, in welchem die Vegetation niemals unterbrochen wird, es bald so weit bringen, daß sie ihr Gewerbe ansehnlich erweitern.

Ich würde zu weit aus meinem Wege gehen, wenn ich hier von der mannigfaltigen Krämerei sprechen wollte, welche man mit Vergnügen in Neapel, wie in jedem andern großen Orte bemerkt: allein ich muß doch hier von den Herumträgern sprechen, weil sie der letztern Klasse des Volkes besonders angehören. Einige gehen herum mit Fäßchen Eiswasser, und Zitronen, um überall gleich Limonade machen zu können, einen Trank, den auch der Geringste nicht zu entbehren vermag; andere, mit Kredenztellern, auf welchen Flaschen mit verschiedenen Liqueuren und Spitzgläsern, in hölzernen Ringen vor dem Falle gesichert stehen; andere tragen Körbe, allerlei Backwerk, Näscherei, Zitronen und anderes Obst umher; und es scheint, als wolle jeder das große Fest des Genusses, das in Neapel alle Tage gefeiert wird, mitgenießen und vermehren.

Wie diese Art Herumträger geschäftig sind, so gibt es noch eine Menge von kleinen Krämern, welche gleichfalls herumgehen, und ohne viele Umstände auf einem Brett, in einem Schachteldeckel, ihre Kleinigkeiten, oder auf Plätzen, geradezu auf flacher Erde, ihren Kram ausbieten. Da ist nicht von einzelnen Waren die Rede, die man auch in größern Läden fände, es ist der eigentliche Trödelkram. Kein Stückchen Eisen, Leder, Tuch, Leinewand, Filz, das nicht wieder als Trödelware zu Markte käme, und das nicht wieder von einem oder dem andern gekauft würde. Noch sind viele Menschen der niedern Klasse bei Handelsleuten und Handwerkern, als Beiläufer und Handlanger, beschäftiget.

Es ist wahr, man tut nur wenig Schritte, ohne einem sehr übelgekleideten, ja sogar einem zerlumpten Menschen zu begegnen; aber dieser ist deswegen noch kein Faulenzer, kein Tagedieb! Ja ich möchte fast das Paradoxon aufstellen, daß zu Neapel, verhältnismäßig, vielleicht noch die meiste Industrie in der ganz niedern Klasse zu finden sei. Freilich dürfen wir sie nicht mit einer *nordischen* Industrie vergleichen, die nicht allein für Tag und Stunde, sondern am guten und heitern Tage für den bösen und trüben, im Sommer für den Winter zu sorgen hat. Dadurch daß der Nordländer zur Vorsorge, zur Einrichtung, von der Natur gezwungen wird; daß die Hausfrau einsalzen und räuchern muß, um die Küche im Winter zu versorgen; daß der Mann den Holz- und Fruchtvorrat, das Futter für das Vieh, nicht aus der Acht lassen darf, u.s.w. werden die schönsten Tage und Stunden dem Genuß entzogen und der Arbeit gewidmet. Einen großen Teil des Jahres entfernt man sich gern aus der freien Luft, und verwahrt sich in Häusern vor Sturm, Regen, Schnee und Kälte; unaufhaltsam folgen die Jahreszeiten aufeinander, und jeder, der nicht zugrunde gehen will, muß ein Haushälter werden. Denn es ist hier gar nicht die Frage, ob er entbehren *wollte*? Er darf nicht entbehren wollen, er *kann* nicht entbehren wollen, denn er kann nicht entbehren; die Natur zwingt ihn zu schaffen, vorzuarbeiten. Gewiß haben diese Naturwirkungen, welche sich Jahrtausende gleichbleiben, den Charakter der in so manchem Betracht ehrwürdigen nordischen Nationen bestimmt. Dagegen beurteilen wir die *südlichen* Völker, mit welchen der Himmel so gelinde umgegangen ist, aus *unserm* Gesichtspunkte zu strenge. Was Herr von Paw in seinen *Recherches sur les Grecs* bei Gelegenheit, da er von den kynischen Philosophen spricht, zu äußern wagt, paßt völlig hieher. Man mache sich, glaubt er, von dem elenden Zustande solcher Menschen nicht den richtigsten Begriff; ihren Grundsatz, alles zu entbehren, habe ein Klima sehr begünstigt das alles gewährt. Ein armer, uns elend scheinender Mensch, könne in den dortigen Gegenden die nötigsten und nächsten Bedürfnisse nicht allein befriedigen, sondern die Welt aufs schönste genießen; und ebenso würde ein sogenannter neapolitanischer Bettler die Stelle eines Vizekönigs in Norwegen leicht verschmähen, und die Ehre ausschlagen, wenn ihm die Kaiserin von Rußland das Gouvernement von Sibirien übertragen wollte.

Gewiß würde in unsern Gegenden ein kynischer Philosoph schlecht ausdauren; da hingegen in südlichen Ländern die Natur gleichsam dazu einladet. Der zerlumpte Mensch ist dort noch nicht *nackt*; derjenige, der weder ein eigenes Haus hat, noch zur Miete wohnet, sondern im Sommer unter den Überdächern, auf den Schwellen der Paläste und Kirchen, in öffentlichen Hallen, die Nacht zubringt, und sich bei schlechtem Wetter irgendwo gegen ein geringes Schlafgeld untersteckt, ist deswegen noch nicht verstoßen und elend; ein Mensch noch nicht arm, weil er nicht für den andern Tag gesorgt hat. Wenn man nur bedenkt, was das fischreiche Meer, von dessen Produkten sich jene Menschen gesetzmäßig einige Tage der Woche nähren *müssen*, für eine Masse von Nahrungsmitteln anbietet; wie allerlei Obst und Gartenfrüchte, zu *jeder Jahreszeit* in Überfluß zu haben sind; wie die Gegend, worin Neapel liegt, den Namen *Terra di Lavoro* (nicht das Land der *Arbeit*, sondern das Land des *Ackerbaues*) sich verdienet hat, und die ganze Provinz den Ehrentitel der *glücklichen Gegend*, *Campagna felice*, schon Jahrhunderte trägt: so läßt sich wohl begreifen, wie leicht dort zu leben sein möge.

Überhaupt würde jenes Paradoxon, welches ich oben gewagt habe, zu manchen Betrachtungen Anlaß geben, wenn jemand ein ausführliches Gemälde von Neapel zu schreiben unternehmen sollte; wozu denn freilich kein geringes Talent, und manches Jahr Beobachtung erforderlich sein möchte. Man würde alsdann im Ganzen vielleicht bemerken, daß der sogenannte *Lazarone* nicht um ein Haar untätiger ist als alle übrigen Klassen. Man würde aber auch bemerken, daß alle in ihrer Art nicht arbeiten, um bloß zu *leben*, sondern um zu *genießen*, und daß sie sogar bei der Arbeit des Lebens froh werden wollen; was dann wohl viel dazu beitragen mag, daß die Handwerker, beinahe durchaus, gegen die nordischen Gegenden sehr zurück sind; daß Fabriken nicht zustande kommen; daß, außer Sachwaltern und Ärzten, in Verhältnis mit der großen Masse von Menschen, wenig Gelehrsamkeit angetroffen wird, so verdiente Männer sich auch im einzelnen bemühen mögen; daß kein Maler der neapolitanischen Schule jemals gründlich gewesen und groß geworden ist; daß sich die Geistlichen im Müßiggange am wohlsten sein lassen, und daß auch die Großen ihre Güter meist nur in sinnlichen Freuden, Pracht und Zerstreuung genießen mögen.

Ich weiß wohl, daß dies viel zu allgemein gesagt ist, und daß die Charakterzüge jeder Klasse nur erst nach einer genauern Bekanntschaft und Beobachtung rein gezogen werden können: allein im Ganzen würde man doch, glaube ich, auf diese Resultate treffen.

Ich kehre wieder zu dem geringen Volke in Neapel zurück. Man bemerkt bei ihnen, wie bei frohen Kindern, denen man etwas aufträgt, daß sie zugleich ihr Geschäft verrichten, und zugleich einen Scherz aus dem Geschäfte machen. Auch ist diese Klasse von Menschen eines sehr lebhaften Geistes, und zeigt durchaus einen richtigen Blick. Ihre Sprache soll figürlich, ihr Witz sehr lebhaft und beißend sein. Das alte Atella lag in der

Gegend von Neapel, und wie ihr geliebter Pulcinell noch jene Spiele fortsetzt, so nimmt die ganz gemeine Klasse von Menschen noch jetzt Anteil an dieser Laune. Wovon ein andermal.

VI.
PLINIUS NATURGESCHICHTE

Drittes Buch, fünftes Kapitel.

»Ja Campanien allein wäre einer weitläuftigen Beschreibung wert.

So glücklich, anmutig, selig sind jene Gegenden, daß man erkennt, an diesem Orte habe die Natur sich ihres Werks erfreut.

Denn diese Lebensluft, diese immer heilsame Milde des Himmels, so fruchtbare Felder, so sonnige Hügel, so unschädliche Waldungen, so schattige Haine, so nutzbare Wälder, so luftige Berge, so ausgebreitete Saaten, solch eine Fülle von Reben und Ölbäumen, so edle Wolle der Schafe, so fette Nacken der Stiere, so viel Seen, so ein Reichtum von durchwässernden Flüssen und Quellen, so viele Meere, so viele Hafen! Die Erde selbst die ihren Schoß überall dem Handel eröffnet, und gleichsam dem Menschen nachzuhelfen begierig, ihre Arme in das Meer hinausstreckt.

Ich erwähne nicht die Fähigkeiten der Menschen, ihre Gebräuche, ihre Kräfte, und wie viele Völker sie durch Sprache und Hand überwunden haben.

Von diesem Lande fällten die Griechen das ehrenvollste Urteil, ein Volk das sich selbst unmäßig zu rühmen pflegte, indem sie einen Teil davon *Großgriechenland* nannten.«

Lebensgenuß des Volks in und um Neapel.

Eine ausgezeichnete Fröhlichkeit erblickt man da überall mit dem größten teilnehmenden Vergnügen. Die vielfarbigen bunten Blumen und Früchte, mit welchen die Natur sich ziert, scheinen den Menschen einzuladen, sich und alle seine Gerätschaften, mit so hohen Farben als möglich auszuputzen. Seidene Tücher und Binden, Blumen auf den Hüten, schmücken einen jeden, der es einigermaßen vermag. Stühle und Commoden in den geringsten Häusern sind, auf vergoldetem Grund mit bunten Blumen geziert. Sogar die einspännigen Kaleschen sind hochrot angestrichen, das Schnitzwerk vergoldet, die Pferde davor mit gemachten Blumen, hochroten Quasten, und Rauschgold ausgeputzt. Manche haben Federbüsche, andere sogar kleine Fähnchen auf den Köpfen, die sich im Laufen nach jeder Bewegung drehen. Wir pflegen gewöhnlich die Liebhaberei zu bunten Farben barbarisch und geschmacklos zu nennen; sie kann es auch auf gewisse Weise sein und werden: allein unter einem recht heitern und blauen Himmel ist eigentlich nichts bunt, denn nichts vermag den Glanz der Sonne und ihren Widerschein im Meer zu überglänzen. Die lebhafteste Farbe wird durch das gewaltige Licht gedämpft, und weil alle Farben, jedes Grün der Bäume und Pflanzen, das gelbe, braune, rote Erdreich, in völliger Kraft auf das Auge wirken: so treten dadurch selbst die farbigen Blumen und Kleider in die allgemeine Harmonie. Die scharlachnen Westen und Röcke der Weiber von Nettuno, mit breitem Gold und Silber besetzt, die andern farbigen Nationaltrachten, die gemalten Schiffe, alles scheint sich zu beeifern, unter dem Glanze des Himmels und des Meers einigermaßen sichtbar zu werden.

Und wie sie leben, so begraben sie auch ihre Toten; da stört kein schwarzer langsamer Zug die Harmonie der lustigen Welt.

Ich sah ein Kind zu Grabe tragen. Ein rotsamtener, großer, mit Gold breit gestickter Teppich überdeckte eine breite Bahre, darauf stand ein geschnitztes, stark vergoldetes und versilbertes Kästchen, worin das weißgekleidete Tote mit rosenfarbnen Bändern ganz überdeckt lag. Auf den vier Ecken des Kästchens waren vier Engel, ohngefähr jeder zwei Fuß hoch, angebracht, welche große Blumenbüschel in Händen über das Kind hielten, und, weil sie unten nur an Drähten befestigt waren, so wie die Bahre sich bewegte, gleichfalls wackelten, und über das Kind Blumengerüche auszustreuen schienen. Die Engel bewegten sich um desto heftiger, als der Zug sehr über die Straßen wegeilte, und die vorangehenden Priester und die Kerzenträger, mehr liefen als gingen.

Es ist keine Jahreszeit wo man sich nicht überall von Eßwaren umgeben sähe, und der Neapolitaner freut sich nicht allein des Essens, sondern er will auch daß die Ware zum Verkauf schön aufgeputzt sei.

Bei Santa Lucia sind die Fische nach ihren Gattungen meist in reinlichen und artigen Körben, Krebse,

Austern, Scheiden, kleine Muscheln, jedes besonders, aufgetischt und mit grünen Blättern unterlegt. Die Läden von getrocknetem Obst und Hülsenfrüchten sind auf das mannigfaltigste herausgeputzt. Die ausgebreiteten Pomeranzen und Zitronen, von allen Sorten, mit dazwischen hervorstechendem grünen Laub, dem Auge sehr erfreulich. Aber nirgends putzen sie mehr als bei den Fleischwaren, nach welchen das Auge des Volks besonders lüstern gerichtet ist, weil der Appetit durch periodisches Entbehren nur mehr gereizt wird.

In den Fleischbänken hängen die Teile der Ochsen, Kälber, Schöpse niemals aus, ohne daß neben dem Fette zugleich die Seite, oder die Keule stark vergoldet sei. Es sind verschiedene Tage im Jahr, besonders die Weihnachtsfeiertage, als Schmausfeste berühmt. Es ist alsdann eine allgemeine Cocagna, wozu sich 500 000 Menschen das Wort gegeben haben. Dann ist aber auch die Straße Toledo, und neben ihr mehrere Straßen und Plätze, auf das appetitlichste verziert. Die Boutiquen, wo grüne Sachen verkauft werden, wo Rosinen, Melonen und Feigen aufgesetzt sind, erfreuen das Auge auf das allerangenehmste. Die Eßwaren hängen in Girlanden über die Straßen hinüber; große Paternoster von vergoldeten, mit roten Bändern gebundenen Würsten; welsche Hähne, welche alle eine rote Fahne unter dem Bürzel stecken haben. Man versicherte, daß deren 30 000 verkauft worden, ohne die zu rechnen, welche die Leute im Hause gemästet hatten. Außer diesem werden noch eine Menge Esel, mit grüner Ware, Kapaunen und jungen Lämmern beladen, durch die Stadt und über den Markt getrieben, und die Haufen Eier, welche man hier und da sieht, sind so groß, da man sich ihrer niemals soviel beisammen gedacht hat. Und nicht genug, daß alles dieses verzehret wird; alle Jahre reitet ein Polizeidiener mit einem Trompeter durch die Stadt, und verkündiget auf allen Plätzen und Kreuzwegen, *wieviel* tausend Ochsen, Kälber, Lämmer, Schweine, u. s. w. der Neapolitaner verzehret habe. Das Volk höret aufmerksam zu, freut sich unmäßig über die großen Zahlen, und jeder erinnert sich des Anteils an diesem Genusse mit Vergnügen.

Was die Mehl- und Milchspeisen betrifft, welche unsere Köchinnen so mannigfaltig zu bereiten wissen, ist für jenes Volk, das sich in dergleichen Dingen gerne kurz faßt und keine wohl eingerichtete Küche hat, doppelt gesorgt. Die Maccaroni, ein zarter, stark durchgearbeiteter, gekochter, in gewisse Gestalten gepreßter Teig von feinem Mehle, sind von allen Sorten überall um ein Geringes zu haben. Sie werden meistens nur in Wasser abgekocht, und der geriebene Käse schmalzt und würzt zugleich die Schüssel. Fast an der Ecke jeder großen Straße sind die Backwerkverfertiger mit ihren Pfannen voll siedenden Öls, besonders an Fasttagen beschäftiget, einem jeden Fische und Backwerk nach seinem Verlangen sogleich zu bereiten. Diese Leute haben einen unglaublichen Abgang, und viele tausend Menschen tragen ihr Mittag- und Abendessen von da auf einem Stückchen Papier davon. Besonders sind die Werkstätte dieser *Friggitori* am Tage des heiligen Josephs, ihres Patrons, sehr lustig anzusehen. Die Bude ist mit dem Bilde des Heiligen, und mit vielen Gemälden von Seelen welche im Fegefeuer leiden, als eine Anspielung auf die Flammen, wodurch die Fische gar werden, geziert. Eine große Pfanne wird über einem Ofen geheizet; einige machen den Teig zurechte, andere tragen die Stücke in das siedende Öl; die beiden Personen aber, welche mit großen zweizinkigen Gabeln die gebackenen Kränzchen herausheben, sind die merkwürdigsten: sie stellen *Engel* vor; wie sie aber solche vorstellen, wird niemand erraten.

Durch den Begriff, daß Engel große schöne goldene Haarlocken haben müssen, geleitet, mag man wohl bei großen Prozessionen den Knaben, welche als Engel dabei erscheinen sollten, blonde Perücken aufgesetzt haben; vielleicht sind diese Perücken durch die Zeit kahl geworden, oder man hat sie nicht immer so reichlockig haben können; genug in einem Lande, wo meist ein jeder sein eigenes Haar trägt, sind nur die Begriffe von Perücke und Engel in Verbindung geblieben, und der Hauptbegriff von Locke ist ganz verlorengegangen: so daß diese beiden Kerle, welche übrigens so zerlumpt als der geringste Neapolitaner aussehen, schon ihre Würde als Engel zu behaupten glauben, wenn sie irgendeine alte Perücke auf das eine Ohr setzen, übrigens fein fleißig in die Pfanne fahren, und so die guten Geister vorstellen, welche die Seelen aus dem Fegefeuer herausholen. Diese wunderliche Dekoration, ein unbändiges Geschrei, noch mehr aber der wohlfeile Preis an diesem Tage, zieht eine Menge Käufer herbei, welche ihren Appetit für ein Geringes befriedigen, und zugleich ein andächtiges Gebet für die gebenedeiten Seelen im Fegfeuer absenden.

VII.
EINFACHE NACHAHMUNG DER NATUR, MANIER, STIL.

Es scheint nicht überflüssig zu sein, genau anzuzeigen, was wir uns bei diesen Worten denken, welche wir öfters brauchen werden. Denn wenn man sich gleich auch derselben schon lange in Schriften bedient, wenn sie gleich durch theoretische Werke bestimmt zu sein scheinen; so braucht denn doch jeder sie meistens in einem eignen Sinne, und denkt sich mehr oder weniger dabei, je schärfer oder schwächer er den Begriff gefaßt hat, der dadurch ausgedrückt werden soll.

Einfache Nachahmung der Natur.

Wenn ein Künstler, bei dem man das natürliche Talent voraussetzen muß, in der frühsten Zeit, nachdem er nur einigermaßen Auge und Hand an Mustern geübt, sich an die Gegenstände der Natur wendete, mit Treue und Fleiß ihre Gestalten, ihre Farben, auf das genaueste nachahmte, sich gewissenhaft niemals von ihr entfernte, jedes Gemälde das er zu fertigen hätte wieder in ihrer Gegenwart anfinge und vollendete; ein solcher würde immer ein schätzenswerter Künstler sein: denn es könnte ihm nicht fehlen, daß er in einem unglaublichen Grade *wahr* würde, daß seine Arbeiten sicher, kräftig und reich sein müßten.

Wenn man diese Bedingungen genau überlegt, so sieht man leicht, daß eine zwar fähige aber beschränkte

Natur, angenehme aber beschränkte Gegenstände, auf diese Weise behandlen könne.

Solche Gegenstände müssen leicht und immer zu haben sein; sie müssen bequem gesehen und ruhig nachgebildet werden können; das Gemüt, das sich mit einer solchen Arbeit beschäftigt, muß still, in sich gekehrt, und in einem mäßigen Genuß genügsam sein.

Diese Art der Nachbildung würde also bei sogenannten toten oder *stillliegenden Gegenständen*, von ruhigen, treuen, eingeschränkten Menschen in Ausübung gebracht werden. Sie schließt ihrer Natur nach eine hohe Vollkommenheit nicht aus.

Manier.

Allein gewöhnlich wird dem Menschen eine solche Art zu verfahren zu ängstlich, oder nicht hinreichend. Er sieht eine Übereinstimmung vieler Gegenstände, die er nur in ein Bild bringen kann indem er das Einzelne aufopfert; es verdrießt ihn, der Natur ihre Buchstaben im Zeichnen nur gleichsam nachzubuchstabieren; er erfindet sich selbst eine *Weise*, macht sich selbst eine *Sprache*, um das, was er mit der Seele ergriffen, wieder nach seiner Art auszudrücken, einem Gegenstande den er öfters wiederholt hat, eine eigne bezeichnende Form zu geben, ohne, wenn er ihn wiederholt, die Natur selbst vor sich zu haben, noch auch sich geradezu ihrer ganz lebhaft zu erinnern.

Nun wird es eine Sprache, in welcher sich der Geist des Sprechenden unmittelbar ausdrückt und bezeichnet. Und wie die Meinungen über sittliche Gegenstände sich in der Seele eines jeden der selbst denkt, anders reihen und gestalten: so wird auch jeder Künstler dieser Art, die Welt anders sehen, ergreifen und nachbilden, er wird ihre Erscheinungen bedächtiger oder leichter fassen, er wird sie gesetzter oder flüchtiger wieder hervorbringen.

Wir sehen daß diese Art der Nachahmung am geschicktesten bei Gegenständen angewendet wird, welche in einem großen Ganzen viele kleine subordinierte Gegenstände enthalten. Diese letzteren müssen aufgeopfert werden, wenn der allgemeine Ausdruck des großen Gegenstandes erreicht werden soll, wie z. E. bei *Landschaften* der Fall ist, wo man ganz die Absicht verfehlen würde, wenn man sich ängstlich beim Einzelnen aufhalten, und den Begriff des Ganzen nicht vielmehr festhalten wollte.

Stil.

Gelangt die Kunst durch Nachahmung der Natur, durch Bemühung sich eine allgemeine Sprache zu machen, durch *genaues und tiefes Studium der Gegenstände selbst*, endlich dahin, daß sie die Eigenschaften der Dinge und die Art *wie* sie bestehen, genau und immer genauer kennenlernt, daß sie die Reihe der Gestalten übersieht, und die verschiedenen charakteristischen Formen nebeneinanderzustellen und nachzuahmen weiß: dann wird der *Stil* der höchste Grad wohin sie gelangen kann; der Grad, wo sie sich den höchsten menschlichen Bemühungen gleichstellen darf.

Wie die *einfache Nachahmung* auf dem ruhigen Dasein und einer liebevollen Gegenwart beruhet, die

Manier eine Erscheinung mit einem leichten fähigen Gemüt ergreift, so ruht der *Stil* auf den tiefsten Grundfesten der Erkenntnis, auf dem Wesen der Dinge, insofern uns erlaubt ist es in sichtbaren und greiflichen Gestalten zu erkennen.

*

Die Ausführung des oben Gesagten, würde ganze Bände einnehmen; man kann auch schon manches darüber in Büchern finden; der reine Begriff aber ist allein an der Natur und den Kunstwerken zu studieren. Wir fügen noch einige Betrachtungen hinzu, und werden, sooft von bildender Kunst die Rede ist, Gelegenheit haben uns dieser Blätter zu erinnern.

Es läßt sich leicht einsehen, daß diese drei hier voneinander geteilten Arten, Kunstwerke hervorzubringen, genau miteinander verwandt sind, und daß eine in die andere sich zart verlaufen kann.

Die einfache Nachahmung leicht faßlicher Gegenstände, (wir wollen hier zum Beispiel Blumen und Früchte nehmen) kann schon auf einen hohen Grad gebracht werden. Es ist natürlich, daß einer der Rosen nachbildet, bald die schönsten und frischesten Rosen kennen und unterscheiden, und unter Tausenden die ihm der Sommer anbietet, heraussuchen werde. Also tritt hier schon die *Wahl* ein, ohne daß sich der Künstler einen allgemeinen bestimmten Begriff von der Schönheit der Rose gemacht hätte. Er hat mit faßlichen Formen zu tun; alles kommt auf die mannigfaltige Bestimmung und die Farbe der Oberfläche an. Die pelzige

Pfirsche, die fein bestaubte Pflaume, den glatten Apfel, die glänzende Kirsche, die blendende Rose, die mannigfaltigen Nelken, die bunten Tulpen, alle wird er nach Wunsch im höchsten Grade der Vollkommenheit ihrer Blüte und Reife in seinem stillen Arbeitszimmer vor sich haben; er wird ihnen die günstigste Beleuchtung geben; sein Auge wird sich an die Harmonie der glänzenden Farben, gleichsam spielend, gewöhnen; er wird alle Jahre dieselben Gegenstände zu erneuern wieder imstande sein, und durch eine ruhige nachahmende Betrachtung des simpeln Daseins, die Eigenschaften dieser Gegenstände ohne mühsame Abstraktion erkennen und fassen: und so werden die Wunderwerke eines Huysum, einer Rachel Ruysch entstehen, welche Künstler sich gleichsam über das Mögliche hinübergearbeitet haben. Es ist offenbar, daß ein solcher Künstler nur desto größer und entschiedener werden muß, wenn er zu seinem Talente noch ein unterrichteter Botaniker ist; wenn er von der Wurzel an den Einfluß der verschiedenen Teile auf das Gedeihen und den Wachstum der Pflanze, ihre Bestimmung und wechselseitige Wirkungen erkennt; wenn er die sukzessive Entwicklung der Blätter, Blumen, Befruchtung, Frucht, und des neuen Keimes einsiehet und überdenkt. Er wird alsdann nicht bloß durch die Wahl aus den Erscheinungen seinen Geschmack zeigen, sondern er wird uns auch durch eine richtige Darstellung der Eigenschaften zugleich in Verwunderung setzen und belehren. In *diesem Sinne* würde man sagen können, er habe sich einen *Stil* gebildet; da man von der andern Seite leicht einsehen kann, wie ein solcher Meister, wenn er es nicht gar so genau nähme, wenn er nur das Auffallende, Blendende leicht auszudrücken beflissen wäre, gar bald in die *Manier* übergehen würde.

Die einfache Nachahmung arbeitet also gleichsam im Vorhofe des Stils. Je treuer, sorgfältiger, reiner sie zu Werke gehet, je ruhiger sie das, was sie erblickt, empfindet, je gelassener sie es nachahmt, je mehr sie sich dabei zu *denken* gewöhnt, das heißt, je mehr sie das Ähnliche zu vergleichen, das Unähnliche voneinander abzusondern, und einzelne Gegenstände unter allgemeine Begriffe zu ordnen lernet: desto würdiger wird sie sich machen die Schwelle des Heiligtums selbst zu betreten.

Wenn wir nun ferner die *Manier* betrachten, so sehen wir, daß sie im höchsten Sinne und in der reinsten Bedeutung des Worts ein Mittel zwischen der einfachen Nachahmung und dem Stil sein könne. Je mehr sie bei ihrer leichteren Methode sich der treuen Nachahmung nähert, je eifriger sie von der andern Seite das Charakteristische der Gegenstände zu ergreifen und faßlich auszudrücken sucht, je mehr sie beides durch eine reine, lebhafte, tätige Individualität verbindet, desto höher, größer und respektabler wird sie werden. Unterläßt ein solcher Künstler sich an die Natur zu halten und an die Natur zu denken, so wird er sich immer mehr von der Grundfeste der Kunst entfernen, seine Manier wird immer leerer und unbedeutender werden, je weiter sie sich von der einfachen Nachahmung und von dem Stil entfernt.

Wir brauchen hier nicht zu wiederholen, daß wir das Wort *Manier* in einem hohen und respektablen Sinne nehmen, daß also die Künstler, deren Arbeiten, nach unsrer Meinung, in den Kreis der Manier fallen, sich über uns nicht zu beschweren haben. Es ist uns bloß angelegen, das Wort *Stil* in den höchsten Ehren zu halten, damit uns ein Ausdruck übrigbleibe um den höchsten Grad zu bezeichnen, welchen die Kunst je erreicht hat und je erreichen kann. Diesen Grad auch nur erkennen, ist schon eine große Glückseligkeit, und davon sich mit Verständigen unterhalten ein edles Vergnügen, das wir uns in der Folge zu verschaffen manche Gelegenheit finden werden.

VIII.
VON ARABESKEN.

Wir bezeichnen mit diesem Namen eine willkürliche und geschmackvolle malerische Zusammenstellung der mannigfaltigsten Gegenstände, um die innern Wände eines Gebäudes zu verzieren.

Wenn wir diese Art Malerei mit der Kunst im höheren Sinne vergleichen, so mag sie wohl tadelnswert sein und uns geringschätzig vorkommen, allein wenn wir billig sind, so werden wir derselben gern ihren Platz anweisen und gönnen.

Wir können, wo Arabesken hingehören, am besten von den Alten lernen, welche in dem ganzen Kunstfache unsre Meister sind und bleiben werden.

Wir wollen suchen unsern Lesern anschaulich zu machen, auf welche Weise die Arabesken von den Alten gebraucht worden sind.

Die Zimmer in den Häusern des ausgegrabenen

Pompeji sind meistenteils klein; durchgängig findet man aber, daß die Menschen die solche bewohnten alles um sich her gern verziert und durch angebrachte Gestalten veredelt sahen. Alle Wände sind glatt und sorgfältig abgetüncht, alle sind gemalt; auf einer Wand von mäßiger Höhe und Breite findet man in der Mitte ein Bildchen angebracht, das meistens einen mythologischen Gegenstand vorstellt. Es ist oft nur zwischen zwei und drei Fuß lang und proportionierlich hoch, und hat als Kunstwerk mehr oder weniger Verdienst. Die übrige Wand ist in Einer Farbe abgetüncht; die Einfassung derselben bestehet aus sogenannten Arabesken. Stäbchen, Schnirkel, Bänder, aus denen hie und da eine Blume oder sonst ein lebendiges Wesen hervorblickt, alles ist meistenteils sehr leicht gehalten, und alle diese Zieraten, scheint es, sollen nur diese einfarbige Wand freundlicher machen und indem sich ihre leichten Züge gegen das Mittelstück bewegen, dasselbe mit dem Ganzen in Harmonie bringen.

Wenn wir den Ursprung dieser Verzierungsart näher betrachten, so werden wir sie sehr vernünftig finden. Ein Hausbesitzer hatte nicht Vermögen genug, seine ganzen Wände mit würdigen Kunstwerken zu bedecken, und wenn er es gehabt hätte, wäre es nicht einmal ratsam gewesen; denn es würden ihn Bilder mit lebensgroßen Figuren in seinem kleinen Zimmer nur geängstigt, oder eine Menge kleiner nebeneinander ihn nur zerstreuet haben. Er verziert also seine Wände nach dem Maße seines Beutels auf eine gefällige und unterhaltende Weise; der einfarbige Grund seiner Wände mit den farbigen Zieraten auf demselben gibt seinen Augen immer einen angenehmen Eindruck. Wenn er für sich zu denken und zu tun hat, zerstreuen und beschäftigen sie ihn nicht, und doch ist er von angenehmen Gegenständen umgeben. Will er seinen Geschmack an Kunst befriedigen, will er denken, einen höhern Sinn ergötzen, so sieht er seine Mittelbildchen an, und erfreut sich an ihrem Besitz.

Auf diese Weise wären also Arabesken jener Zeit nicht eine *Verschwendung* sondern eine *Ersparnis der Kunst* gewesen! Die Wand sollte und konnte nicht ein *ganzes* Kunstwerk sein, aber sie sollte doch ganz verziert, ein ganz freundlicher und fröhlicher Gegenstand werden, und in ihrer Mitte ein proportionierliches gutes Kunstwerk enthalten, welches die Augen anzöge und den Geist befriedigte.

Die meisten dieser Stücke sind nunmehr aus den Wänden herausgehoben und nach Portici gebracht, die Wände mit ihren Farben und Zieraten stehen noch meistenteils freier Luft ausgesetzt und müssen nach und nach zugrunde gehen.

Wie wünschenswert wäre es, daß man nur einige solche Wände im Zusammenhang, wie man sie gefunden, in Kupfer mitgeteilt hätte; so würde das, was ich hier sage, einem jeden sogleich in die Augen fallen.

Ich glaube noch eine Bemerkung gemacht zu haben, woraus mir deutlich wird, wie die bessern Künstler damaliger Zeit dem Bedürfnis der Liebhaber entgegengearbeitet haben. Die Mittelbilder der Wände, ob sie gleich auch auf Tünche gemalt sind, scheinen doch nicht an dem Orte, wo sie sich gegenwärtig befinden, gefertigt worden zu sein: es scheint als habe man sie erst herbeigebracht, an die Wand befestigt, und sie daselbst eingetüncht und die übrige Fläche umher gemalt.

Es ist sehr leicht aus Kalk und Puzzolane feste und transportable Tafeln zu fertigen. Wahrscheinlich hatten gute Künstler ihren Aufenthalt in Neapel, und malten mit ihren Schülern solche Bilder in Vorrat; von daher holte sich der Bewohner eines Landstädtchens, wie Pompeji war, nach seinem Vermögen ein solches Bild, Tüncher und subordinierte Künstler, welche fähig waren Arabesken hinzuzeichnen, fanden sich eher, und so ward das Bedürfnis eines jeden Hausbesitzers befriedigt.

Man hat in dem Gewölbe eines Hauses zu Pompeji ein paar solche Tafeln los und an die Wand gelehnt gefunden; und daraus hat man schließen wollen, die Einwohner hätten bei der Eruption des Vesuv Zeit gehabt, solche von den Wänden abzusägen, in der Absicht sie zu retten. Allein es scheint mir dieses in mehr als einem Sinne höchst unwahrscheinlich, und ich bin vielmehr überzeugt, daß es solche angeschaffte Tafeln gewesen, welche noch erst in einem Gebäude hätten angebracht werden sollen.

Fröhlichkeit, Leichtsinn, Lust zum Schmuck, scheinen die Arabesken erfunden und verbreitet zu haben, und in diesem Sinn mag man sie gerne zulassen; besonders wenn sie, wie hier, der bessern Kunst gleichsam zum Rahmen dienen, sie nicht ausschließen, sie nicht verdrängen, sondern sie nur noch allgemeiner, den Besitz guter Kunstwerke möglicher machen.

Ich würde deswegen nie gegen sie eifern, sondern nur wünschen, daß der Wert der höchsten Kunstwerke erkannt würde. Geschieht das, so tritt alle subordinierte Kunst, bis zum Handwerk herunter, an ihren Platz, und die Welt ist so groß und die Seele hat so nötig ihren Genuß zu vermannigfaltigen, daß uns das geringste Kunstwerk an seinem Platz immer schätzbar bleiben wird.

*

In den Bädern des Titus zu Rom sieht man auch noch Überbleibsel dieser Malerei. Lange gewölbte Gänge, große Zimmer, sollten gleichsam nur geglättet und gefärbt, mit so wenig Umständen als möglich verziert werden. Man weiß, mit welcher Sorgfalt die Alten ihre Mauern abtünchten, welche Marmorglätte und Festigkeit sie der Tünche zu geben wußten. Diese reine Fläche malten sie mit Wachsfarben, die ihre Schönheit bis jetzt noch kaum verloren haben, und in ihrer ersten Zeit, wie mit einem glänzenden Firnis überzogen waren. Schon also, wie gesagt, ergötzte ein solcher gewölbter Gang durch Glätte, Glanz, Farbe, Reinlichkeit, das Auge. Die leichte Zierde, der gefällige Schmuck kontrastierte gleichsam mit den großen, einfachen, architektonischen Massen, machte ein Gewölbe zur Laube und einen dunklen Saal zur bunten Welt. Wo sie *solid* verzieren sollten und wollten, fehlte es ihnen weder an Mitteln noch an Sinn, wovon ein andermal die Rede sein wird.

*

Die berühmten Arabesken, womit *Raphael* einen Teil der Logen des Vatikans ausgeziert, sind freilich schon in einem andern Sinne; es ist als wenn er verschwenderisch habe zeigen wollen, was er erfinden, und was die Anzahl geschickter Leute, welche mit ihm waren, ausführen konnte. Hier ist also schon nicht mehr jene weise Sparsamkeit der Alten, die nur gleichsam eilten mit einem Gebäude fertig zu werden, um es genießen zu können: sondern hier ist ein Künstler, der für den Herrn der Welt arbeitet, und sich sowohl als jenem ein Denkmal der Fülle und des Reichtums errichten will. Am meisten im Sinne der Alten, dünken mich die Arabesken in einem Zimmerchen der Villa, welche Raphael mit seiner Geliebten bewohnte. Hier findet man, an den Seiten der gewölbten Decke, die Hochzeit Alexanders und Roxanens, und ein ander geheimnisvoll allegorisches Bild, wahrscheinlich die Gewalt der Begierden vorstellend. An den Wänden sieht man kleine Genien und ausgewachsene männliche Gestalten, die auf Schnirkeln und Stäben gaukeln, und sich heftiger und munterer bewegen. Sie scheinen zu balancieren, nach einem Ziel zu eilen, und was alles die Lebenslust für Bewegungen einflößen mag. Das Brustbild der schönen Fornarina ist viermal wiederholt, und die halb leichtsinnigen, halb soliden Zieraten dieses Zimmerchens atmen Freude, Leben und Liebe. Er hat wahrscheinlicherweise nur einen Teil davon selbst gemalt, und es ist um so reizender, weil er hier viel hätte machen können, aber weniger, und eben was genug war, machen wollte.

IX.
VOLKSGESANG.

Venedig.

Es ist bekannt, daß in Venedig die Gondoliere große Stellen aus Ariost und Tasso auswendig wissen, und solche auf ihre eigne Melodie zu singen pflegen. Allein dieses Talent scheint gegenwärtig seltner geworden zu sein; wenigstens konnte ich erst mit einiger Bemühung zwei Leute auffinden, welche mir in dieser Art eine Stelle des Tasso vortrugen.

Es gehören immer zwei dazu, welche die Strophen wechselsweise singen. Wir kennen die Melodie ungefähr durch Rousseau, dessen Liedern sie beigedruckt ist; sie hat eigentlich keine melodische Bewegung, und ist eine Art von Mittel zwischen dem *Canto fermo* und dem *Canto figurato*; jenem nähert sie sich durch rezitativische Deklamation, diesem, durch Passagen und Läufe, wodurch eine Silbe aufgehalten und verziert wird.

Ich bestieg bei hellem Mondschein eine Gondel, ließ den einen Sänger vorn, den andern hinten hin treten, und fuhr gegen St. Georgio zu. Einer fing den Gesang an, nach vollendeter Strophe begann der andere, und so wechselten sie miteinander ab. Im Ganzen schienen es immer dieselbigen Noten zu bleiben, aber sie gaben, nach dem Inhalt der Strophe, bald der einen oder der andern Note mehr Wert, veränderten auch wohl den Vortrag der ganzen Strophe, wenn sich der Gegenstand des Gedichtes veränderte.

Überhaupt aber war ihr Vortrag rauh und schreiend. Sie schienen, nach Art aller ungebildeten Menschen, den Vorzug ihres Gesangs in die Stärke zu setzen, einer schien den andern durch die Kraft seiner Lunge überwinden zu wollen, und ich befand mich in dem Gondelkästchen, anstatt von dieser Szene einigen Genuß zu haben, in einer sehr beschwerlichen Situation.

Mein Begleiter, dem ich es eröffnete und der den Kredit seiner Landsleute gern erhalten wollte, versicherte mir, daß dieser Gesang aus der Ferne sehr angenehm zu hören sei; wir stiegen deswegen ans Land, der eine Sänger blieb auf der Gondel, der andere entfernte sich einige hundert Schritte. Sie fingen nun an gegeneinander zu singen, und ich ging zwischen ihnen auf und ab, so daß ich immer den verließ, der zu singen anfangen sollte. Manchmal stand ich still und horchte auf einen und den andern.

Hier war diese Szene an ihrem Platze. Die stark deklamierten und gleichsam ausgeschrienen Laute trafen von fern das Ohr, und erregten die Aufmerksamkeit; die bald darauf folgenden Passagen, welche ihrer Natur nach leiser gesungen werden mußten, schienen wie nachklingende Klagtöne auf einen Schrei der Empfindung, oder des Schmerzens. Der andere, der aufmerksam horcht, fängt gleich da an, wo der erste aufgehört hat, und antwortet ihm, sanfter oder heftiger, je nachdem es die Strophe mit sich bringt. Die stillen Kanäle, die hohen Gebäude, der Glanz des Mondes, die tiefen Schatten, das Geistermäßige der wenigen, hin und wiederwandelnden, schwarzen Gondeln, vermehrte das Eigentümliche dieser Szene, und es war leicht unter allen diesen Umständen, den Charakter dieses wunderbaren Gesangs zu erkennen.

Er paßt vollkommen für einen müßigen einsamen Schiffer, der auf der Ruhe dieser Kanäle in seinem Fahrzeug ausgestreckt liegt, seine Herrschaft oder Kunden erwartet, vor Langerweile sich etwas vormoduliert und Gedichte, die er auswendig weiß, diesem Gesang unterschiebt. Manchmal läßt er seine Stimme so gewaltsam als möglich hören, sie verbreitet sich weit über den stillen Spiegel, alles ist ruhig umher, er ist mitten in einer großen volkreichen Stadt gleichsam in der Einsamkeit. Da ist kein Gerassel der Wagen, kein Geräusch der Fußgänger, eine stille Gondel schwebt bei ihm vorbei, und kaum hört man die Ruder plätschern.

In der Ferne vernimmt ihn ein anderer, vielleicht ein ganz unbekannter. Melodie und Gedicht verbinden zwei fremde Menschen, er wird das Echo des ersten, und strengt sich nun auch an gehört zu werden, wie er den ersten vernahm. Konvention heißt sie von Vers zu Vers wechseln, der Gesang kann Nächte durch währen, sie unterhalten sich ohne sich zu ermüden, der Zuhörer, der zwischen beiden durchfährt, nimmt Teil daran, indem die beiden Sänger mit sich beschäftigt sind.

Es klingt dieser Gesang aus der weiten Ferne unaussprechlich reizend, weil er in dem Gefühl des Entfernten erst seine Bestimmung erfüllt. Er klingt wie eine Klage ohne Trauer, und man kann sich der Tränen kaum enthalten. Mein Begleiter, welcher sonst kein sehr fein organisierter Mann war, sagte ganz ohne Anlaß: *e singolare come quel canto intenerisce, e molto più quando lo cantano meglio.*

Man erzählte mir, daß die Weiber vom Lido (der langen Inselreihe, welche das adriatische Meer von den Lagunen scheidet), besonders die von den äußersten Ortschaften Malamocca und Palestrina, gleichfalls den Tasso auf diese und ähnliche Melodien sängen.

Sie haben die Gewohnheit, wenn ihre Männer um zu fischen auf das Meer gefahren sind, sich abends an das Ufer zu setzen und diese Gesänge anzustimmen, und so lange heftig damit fortzufahren, bis sie aus der Ferne das Echo der Ihrigen vernehmen.

Wie viel schöner und noch eigentümlicher bezeichnet sich hier dieser Gesang; als der Ruf eines Einsamen in die Ferne und Weite, daß ihn ein anderer und gleichgestimmter höre und ihm antworte! Es ist der Ausdruck einer starken herzlichen Sehnsucht, die doch jeden Augenblick dem Glück der Befriedigung nahe ist.

Rom.

Ritornelli.

Mit einem ähnlichen Gesang, der aber in keinem Sinne gefällig oder reizend ist, pflegt der Pöbel von Rom sich zu unterhalten, und beleidigt jedes Ohr außer sein eignes.

Es ist gleichfalls eine Art von *Canto fermo*, Rezitation oder Deklamation, wie man will. Keine melodische Bewegung zeichnet ihn aus, die Intervalle der Töne lassen sich durch unsere Art die Noten zu schreiben nicht ausdrücken, und diese seltsamen Intervalle, mit der größten Gewalt der Stimme vorgetragen, bezeichnen eigentlich diese Gesangsweise. Ebenso ist Ton und Manier der Singenden oder vielmehr Schreienden, so vollkommen überein, daß man durch alle Straßen von Rom immer denselben tollen Menschen zu hören glaubt. Gewöhnlich hört man sie nur in der Dämmerung oder zur Nachtzeit; sobald sie sich frei und losgebunden fühlen, geht dieses Geschrei los. Ein Knabe, der nach einem heißen Tag abends die Fenster aufmacht, ein Fuhrmann, der mit seinem Karn zum Tor herausfährt, ein Arbeiter, der aus einem Haus heraustritt, bricht unmittelbar in das unbändige Geschrei aus. Sie heißen diese Art zu singen *Ritornelli*, und legen dieser Unmelodie alle Worte unter die ihnen einfallen, weil sich jede Art von Phrasen und Perioden, sie seien metrisch oder prosaisch, leicht damit begleiten läßt. Selten sind die Worte verständlich, und ich erinnere mich nur einigemal einen solchen Sänger verstanden zu haben. Es schien mir sein Lied, rohe, obgleich nicht ganz unwitzige, Invektiven gegen die Nachbarinnen zu enthalten.

Vaudevilles.

Im Jahr 1786 hörte man noch überall den *Marlbrough*, der halb italienisch halb französisch, ohngefähr auf seine bekannte Melodie, auf allen Straßen gesungen ward.

Zu Anfang 1787 verdrängte ihn ein *Vaudeville*, welches in kurzer Zeit so um sich griff, daß es die kleinsten Kinder so gut als alle erwachsene Personen sangen; es ward verschiedentlich komponiert und mehrstimmig in

Konzerten aufgeführt. Eigentlich war es eine Liebeserklärung an eine Schöne. Jeder Vers enthielt Lobsprüche und Versprechungen, welche durch den *Refrain* immer wieder aufgehoben wurden.

Non dico! ist die populäre Redensart, wodurch man etwas, was man selbst oder ein anderer Übertriebenes gesagt hat, sogleich in Zweifel ziehet:

Hier ist der erste Vers:

Ogni uomo ogni donzella,
Mia dolce Mirami!
Mi dice che sei bella
E penso anch'io così:
Non dico: bella bella!
Ma – li la ba te li.

das letzte Ma – welches durch die unbedeutenden Refrain-Silben aufgefangen wird, gibt dem Ausdruck der Ironie die völlige Stärke.

Die Melodie, welche am allgemeinsten gehört wurde, ist singbar und angenehm, aber nicht expressiv.

Romanze.

Man hört in Rom wenig von Gespenstergeschichten, und wahrscheinlich ist die Ursache davon: weil kein katholischer Christ, der gebeichtet und die Sakramente empfangen hat, verdammt werden kann, sondern nur noch zur Vollendung der Buße und Reinigung eine Zeitlang im Fegefeuer aushalten muß. Alle Gemüter sind andächtig auf die Erleichterung und Befreiung der guten leidenden Seelen gerichtet. Manchmal erscheint wohl das ganze Fegefeuer einem beängstigten Gläubigen im Traum oder Fieber; und alsdann ist die Mutter Gottes in freundlicher Erscheinung gleich dabei, wie man auf so vielen Gelübdetafeln sehen kann. Allein die eigentlichen Gespenster- Hexen- und Teufels-Ideen scheinen mehr den nordischen Gegenden eigen zu sein.

Um so viel mehr wunderte ich mich über eine Romanze, welche ein blinder neapolitanischer Knabe, der sich in Rom herumführen ließ, einige Wochen sang, deren Inhalt und Vorstellungsart so nordisch als möglich ist.

Die Szene ist nachts, bei dem Hochgerichte. Eine Hexe bewacht den Leichnam eines hingerichteten, wahrscheinlich aufs Rad geflochtenen, Missetäters; ein frecher Mensch schleicht sich hinzu, in der Absicht einige Glieder des Körpers zu stehlen. Er vermutet die Hexe nicht in der Nähe, doch faßt er sich, und redet sie mit einem Zaubergruß an. Sie antwortet ihm, und ihr Gespräch, mit einer immer wiederkehrenden Formel, macht das Gedicht aus. Hier ist der erste Vers. Die Melodie, mit den Zeilen, wodurch sich die übrigen Strophen von der ersten unterscheiden, finden sich am Schlusse.

Gurugium a te! gurugiu!
Che ne vuoi della vecchia tu?
Io voglio questi piedi
E che diavolo che ne vuoi far?
Per far piedi ai candelieri.
Cadavere! malattia!
Aggi pazienza vecchia mia.

Hier ist eine ohngefähre Übersetzung zu mehrerer Deutlichkeit.*

Gurugiu! soll wahrscheinlicherweise ein freundlicher Zaubergruß sein.

Der Dieb. Gurugium zu dir! Gurugiu!
Die Hexe. Was willst von der Alten du?
Der Dieb. Ich hätte gern die Füße!
Die Hexe. Was Teufel damit zu tun?
Der Dieb. Zu machen Leuchterfüße.
Die Hexe. Daß dich die Pest und Seuche!
Der Dieb. Alte! liebe Alte! Geduld!

Die übrigen Verse unterscheiden sich nur von dem ersten durch die veränderte dritte und fünfte Zeile, worin er immer ein ander Glied verlangt und einen andern Gebrauch davon angibt.

Ich erinnere mich in keiner italienischen Liedersammlung ein ähnliches Gedicht gesehen zu haben. Der Abscheu vor solchen Gegenständen ist allgemein. Ebenso glaubt man in der Melodie etwas Fremdes zu entdecken.

Geistliches dialogisiertes Lied.

Artiger, angenehmer, dem Geiste der Nation und den Grundsätzen des katholischen Glaubens angemessener ist die Bearbeitung der Unterhaltung Christi mit der Samariterin zu einem dramatischen Liede. Es hat inner-

---

* *Die folgende Deutung Goethes ist nicht richtig. Das Lied ist vielmehr ein scherzhaftes Gespräch zwischen einem spielenden Kind und einer gurrenden Taube. S. WA I 32, 431 (Anm. des Hrsg.).*

Allegro.
Ghiurighiuma te, ghiurighiu! che ne
Begleitung.
Baſs
ſtatt der Caſtagnetten, auch wohl, und am beſten von einer andern Hand zu ſpielen.
vuoi della vec - chia tu?
"ene voglio
"questi piedi" e che diavol'ne vuoi far

tu? per far pie—di ai cande — lie—ri: "Ca —
da-ve-re malat — tia!" aggi pazien —— za
vecchia —— m — i — a —"
Jo voglio queste gambe
Per far piedi alle banche
Jo voglio le ginocchia
Per far rotole alla conocchia
Jo voglio questo petto
Per far tafole per il letto
Jo voglio questa pancia
Un tamburro per il Re di Francia.
Jo voglio questa schiena
Una sedia per la Regina.

lich die völlige Form eines Intermezzo zu zwei Stimmen und wird nach einer faßlichen Melodie von zwei armen Personen auf der Straße gesungen. Mann und Frau setzen sich in einiger Entfernung voneinander und tragen wechselsweise ihren Dialog vor, sie erhalten zuletzt ein kleines Almosen und verkaufen ihre gedruckten Gesänge an die Zuhörer.

Wir geben hier das Lied selbst im Original, das durch eine Übersetzung alle Grazie verlieren würde, und schalten für diejenigen Leser, welche mit dem Italienischen nicht ganz bekannt sind, einen kleinen Kommentar zwischen den Dialog ein.

Der Schauplatz ist an einem Brunnen in der Nähe der Stadt Samaria.

Erster Teil.

Jesus kommt und macht die Exposition seines Zustandes und des Ortes.

Sono giunto stanco e lasso
Dal mio lungo camminar.
Ecco il pozzo, e questo è il sasso
Per potermi riposar.

Er erklärt seine Absicht:

Qui mi fermo, quivi aspetto,
Una Donna ha da venir.
O bel fonte, o fonte eletto
Alma infida a convertir.

Pecorella già smarrita
Dall' ovile cercando va,

Ma ben presto convertita
Al Pastor ritornerà.

Die Schöne läßt sich von weiten sehn.

Ecco appunto la meschina,
Che sen vien sola da se
Vieni vieni, o poverina,
Vien, t'aspetto, vien da me.

Samariterin. Bleibt in der Ferne stehen, sieht sich nach dem Brunnen um. Es ist ihr unangenehm jemanden dort zu finden.

Questo appunto ci mancava;
Chi è colui, che siede là?
Io di già me l'aspettava
Di trovar qualcuno qua.

Besonders will ihr der Jude nicht gefallen.

È un Giudeo se ben ravviso,
Lo conosco in fin di qui;
Alle chiome, al mento, al viso
Egli è d'esso, egli è si si.

Sie gedenkt des Hasses der beiden Völker,

Questa gente non è amica,
Della patria mia, lo so;
Vi è una ruggine alta, e antica,
Che levare non si può.

Allein sie nimmt sich zusammen, geht nach ihrem Geschäfte und setzt sich vor, wenn er nicht freundlich ist, schnippisch dagegen zu sein.

Baderò alli fatti miei,
Io al pozzo voglio andar:

Se dirà, Donna chi sei?
Gli dirò, son chi mi par.

Jesus überrascht sie mit einem frommen und gefälligen Gruß.

Buona Donna, il ciel vi guardi!

Samar. Ist verwundert und gleich gewonnen, sie erwidert freundlich:

O buon Uomo a voi ancor!

Jesus. Nähert sich im Gespräche:

Siete giunta troppo tardi.

Samar. Läßt sich weiter ein:

Non potevo più à buon or.

Jesus. Verlangt zu trinken.

O figliuola, che gran sete!
Un po d'acqua in carità.
Deh ristoro a me porgete,
Un po d'acqua per pietà!

Samar. Es kommt ihr paradox vor, daß ein Jude von ihr zu trinken verlangt.

Voi à me Samaritana
Domanda vi dia da ber,
A un Giudeo, è cosa strana
Chi l'avesse da veder.

Queste due nazion fra loro
Non si posson compatir;
Se vedesse un di coloro
Cosa avrebbe mai a dir.

Jesus. Macht einen Übergang vom Paradoxen zum Wunderbaren.

Se sapeste, se sapeste
Chi a voi chiede da ber,
Certo a lui richiedereste
Acqua viva per aver.

Samar. Glaubt er wolle sie zum besten haben.

Voi burlate, e dov' è il secchio
Dove l'acqua, o buon Signor?
Di Giacobbe il nostro vecchio
Siete voi forse maggior?

Che sia pur benedetto;
Questo pozzo a noi lasciò:
I suoi figli, il suo diletto
Gregge in questo abbeverò.

Jesus. Bleibt bei seinem Gleichnisse und verspricht jedem durch sein Wasser den Durst auf immer zu löschen.

O Figliuola, chi l'acqua mia
Acqua viva beverà,
Già sia pur chiunque sia
Mai in eterno sete avrà.

Samar. Findet das sehr bequem und bittet sich davon aus.

O Signor, non si potrebbe
Di quest' acqua un po gustar?
La fatica leverebbe
Di venirla qui à cavar.

Jesus. Versucht sie.

A chiamar vostro marito
Gite, l'acqua vi darò:
Ne temete sia partito,
Perchè vi aspetterò.

Samar. Will von keinem Mann wissen.

Io Marito! guardi il cielo,
Sono libera di me.

Jesus. Beschämt ihre Verstellung.

Che direte s'io vi svelo
Che n'avete più di tre;
Cinque già ne avete avuti
Se vostr' è quel ch' avete or.

Samar. Erschrickt.

O che sento (beiseite) il Ciel m'ajuti!

Sie bekennt

Dite vero o mio Signor.

und gesteht ihm zu, daß er ein großer Prophet sein müsse um von ihren Liebeshändeln so genau unterrichtet zu sein.

Certo che siete Profeta,
Ben sapete indovinar.

Sie will sich wegschleichen.

Io per dirla cheta, cheta,
Me ne voglio un poco andar.

Jesus. Hält sie und spricht von der Ankunft des Messias.

No no, non gite via
Che è venuto il tempo già
D'adorare il Gran Messia
In spirito e verità.

Samar. Erklärt sich darüber sehr naiv.

Che il Messia abbia a venire
Io non nego, o questo no;
Ma se poi avessi a dire
Se è venuto, non io so.

Jesus. Stellt sich selbst als den Messias dar.

O Figliuola, egli è venuto
Il Messia, credete a me,
Se puol essere creduto,
Chi vi parla quel Egli è.

Samar. Unverzüglich glaubt sie, betet an und erbietet sich zum Apostelamt.

Io vi credo, o buon Signore,
E vi adoro, or voglio gir
In Sammaria un tal stupore
Voglio a tutti referir.

Jesus. Sendet sie.

Gite pur! Sia vostra gloria
Se vi crede la città.
Per si nobile vittoria
Tutto il ciel trionferà.

Samar. Ist entzückt über die göttliche Gnade.

O divina si grand opra
Convertir si infido cuor.

Jesus. Zeugt von der Macht und Liebe Gottes.

Il poter tutto si adopra
Del gran Dio tutto l'amor.

Zweiter Teil.

Samar. Wie sie überzeugt weggegangen, kommt sie nun ganz bekehrt zurück.

Ecco qui quella meschina
Che ritorna onde partì;
O amabile divina
Maestà, eccomi qui.

L'alma mia in questo pozzo
La vostra acqua si gustò:
Che ogni fonte dopo sozzo
Qual pantan gli risembrò.

Mille grazie, o grand' Iddio,
A voi rendo, e sommo onor,
Che mutò questo cor mio
Dal profano al santo amor.

Jesus. Nimmt sie als Tochter an und erklärt sich selbst für Gott.

O mia figlia! tale adesso
Più che mai vi vo chiamar,
La mia grazia quanto spesso
Si bell' opra ella sa far.

Sono Dio! di già 'l sapete
E mio braccio tutto può,
Io per voi, se fede avrete,
Quanto più per voi farò.

Samar. Wiederholt ihr Glaubensbekenntnis.

Siete Dio onnipotente,
E veduto l'ho pur or:
Di Sammaria la gran gente
Convertita è a Voi, Signor.

Jesus. Hat das von Ewigkeit schon gewußt und sie zum Apostel ersehen.

Ab eterno già sapea
E pero vi mandai là;
Fin dall' ora vi sceglica
A bandir la verità.

Samar. Ist beschämt.

O Signor, io mi arrossisco
Di vedermi in tanto onor,
Più ci penso, e men capisco,
Come à me tanto favor.

Jesus. Erklärt ihr seine göttliche Methode große Dinge durch geringe Mittel zu tun.

Questo è già costume mio
Qual io sono à dimostrar,
Per oprar cosa da Dio
Mezzi deboli adottar.

Er gibt Beispiele aus der Geschichte.

D'Oloferne il disumano
Dite su chi trionfo?
Donna fral di propria mano
Nel suo letto lo svenò.

Il Gigante fier Golìa
Come mai, come morì?
D'un sassetto della via,
Che scagliato lo colpì.

Ebenso ist die ganze Welt aus Nichts geschaffen.

Tutto il Mondo già creato
Opra fù della mia man,
Ed il tutto fù cavato
Dal suo niente in tutto van.

Und seine göttliche Absicht ist die Verherrlichung seines Namens.

Perchè vuo la gloria mia,
Come è debito per me.

Und der Nutzen ist den Gläubigen bestimmt.

L'util poi voglio che sia
Sol di quel che opra con fè.

Samar. Begnügt sich am Evangelio.

Che più potrete darmi?
Mi scoprite il gran Vangel,
E di quel volete farmi
Una Apostola fedel.

Ihr Herz entbrennt in Liebe und Zärtlichkeit. Sie gibt sich ihm ganz hin.

Quanto mai vi devo, quanto
Cortesissimo Gesù!
A voi m'offro e dono intanto,
Nè sarò d'altri mai più.

Jesus. Akzeptiert ihr Herz.

Vi gradisco, si, vi accetto
Si già accetto il vostro amor,
E gradito e sol diletto
Esser vuo dal vostro cor.

Samar. Umfaßt ihn als Bräutigam.

Si sarete sposo mio.

Jesus. Umfängt sie als Braut.

Sposa voi sarete a me.

Samariterin.

Io in voi,

Jesus.

Ed in voi io,

Zu zwei.

Serbaremo eterna fè.

Und so endigt sich das Drama mit einer förmlichen und ewigen Verbindung.

Es ließe sich aus diesem Gesange gar leicht die Theorie der Bekehrungs- und Missionsgeschichten entwikkeln; es enthält die ganze Heilsordnung und den Fortschritt von der irdischen zur himmlischen Liebe; jeder katholische Christ kann es hören und singen, sich damit unterhalten und erbauen, jedes Mädchen kann dabei an ihren irdischen, jede Nonne an ihren himmlischen Bräutigam denken, und jede artige Sünderin in der Hoffnung eines künftigen Apostolats sich beruhigen. Und man möchte hier bemerken, daß es eigentlich der römischen Kirche am besten gelungen sei, die Religion *populär* zu machen, indem sie solche nicht sowohl mit den *Begriffen* der Menge, als mit den *Gesinnungen* der Menge zu vereinigen gewußt hat.

Über beides hat uns Herr von Riedesel in seinen Reisen schöne, genaue Beobachtungen gegeben.

Ich füge noch eine Bemerkung hinzu: daß dieser Tanz *Tarantella* genannt wird, nicht von dem Namen jenes Insekts; sondern *Tarantola* heißt eine Spinne, die sich vorzüglich im Tarentinischen findet, und *Tarantella*, ein Tanz, der vorzüglich im Tarentinischen getanzt wird. Sie haben also ihren ähnlichen Namen von dem gemeinschaftlichen Vaterlande, ohne deshalb unter sich eine Gemeinschaft zu bezeichnen. Ebenso werden tarentinische Austern vorzüglich geschätzt und noch andere Produkte jenes schönen Landes.

Ich merke dieses hier an, weil falsche Namensverwandtschaften oft den Begriff eines falschen Verhältnisses unterhalten, und es Pflicht ist, jedem Irrtum und Mißverständnis so viel als möglich vorzubeugen und gegen alles Wunderbare zu arbeiten, damit das Merkwürdige seinen Platz behaupte.

X.
NATURLEHRE.

Neapel, den 10. Jan. 178-.

Wenn ich in diesem schönen Lande, selbst mitten im Winter, eines heitern Himmels, einer schönen Erde, einer fortgesetzten Vegetation genieße, so freut es mich, daß meine Freunde in Norden durch andere Naturerscheinungen wenigstens einigermaßen schadlos gehalten werden.

Sie rühmen mir, teurer Freund, die Schönheit ihrer

Der Tanz, welcher die Tarantella genannt wird, ist in Neapel unter den Mädchen der geringen und Mittelklasse allgemein. Es gehören wenigstens ihrer drei dazu: die eine schlägt das Tamburin, und schüttelt von Zeit zu Zeit die Schellen an demselbigen ohne darauf zu schlagen, die andern beiden mit Kastagnetten in den Händen machen die Schritte des Tanzes.

Eigentlich sind es, wie bei allen roheren Tänzen, keine abgesonderte und für sich selbst bestehende zierliche Tanzschritte. Die Mädchen treten vielmehr nur den Takt, indem sie eine Weile auf einem Platze gegeneinander über trippeln, dann sich umdrehen, die Plätze wechseln u. s. w.

Bald wechselt eine der Tanzenden ihre Kastagnetten gegen das Tamburin, bleibt nun still stehen, indes die dritte zu tanzen anfängt, und so können sie sich stundenlang vergnügen ohne sich um den Zuschauer zu bekümmern. Dieser Tanz ist nur eine Unterhaltung für Mädchen, kein Knabe rührt ein Tamburin an. Allein die weiblichen Geschöpfe scheinen die angenehmsten Stunden ihrer Jugend in diesem Takt wegzuhüpfen, und man hat schon bemerkt, daß ebendieser Tanz bei Gemütskrankheiten oder bei jenem Spinnenstich, welcher wahrscheinlich durch Transpiration kuriert wird, durch die Bewegung dem weiblichen Geschlechte sehr heilsam sein kann: auf der andern Seite sieht man aber auch, daß dieser Tanz, ohne äußere Veranlassung, selbst in eine Krankheit ausarten könne.

gefrornen Fensterscheiben, und können mir nicht genug ausdrücken, wie diese vorübergehende Erscheinungen sich bei strenger anhaltender Kälte, und bei dem Zuflusse von mancherlei Dünsten, zu Blättern, Zweigen, Ranken, ja sogar zu Rosen bilden. Sie schicken mir einige Zeichnungen, die mich an das Schönste, was ich in dieser Art gesehen, erinnern, und durch die besondere Zierlichkeit der Gestalten in Verwunderung setzen. Nur scheinen Sie mir diesen Wirkungen der Natur zu viel Wert zu geben; sie möchten gern diese Kristallisationen zum Range der Vegetabilien erheben. Das was Sie für Ihre Meinung anführen, ist sinnreich genug, und wer würde leugnen, daß alle existierenden Dinge unter sich Verhältnisse haben.

Aber erlauben Sie mir zu bemerken, daß diese Art zu betrachten und aus den Betrachtungen zu folgern, für uns Menschen gefährlich ist.

Wir sollten, dünkt mich, immer mehr beobachten, worin sich die Dinge, zu deren Erkenntnis wir gelangen mögen, voneinander unterscheiden, als wodurch sie einander gleichen. Das Unterscheiden ist schwerer, mühsamer, als das Ähnlichfinden, und wenn man recht gut unterschieden hat, so vergleichen sich alsdann die Gegenstände von selbst. Fängt man damit an, die Sachen gleich oder ähnlich zu finden, so kommt man leicht in den Fall, seiner Hypothese oder seiner Vorstellungsart zulieb Bestimmungen zu übersehen, wodurch sich die Dinge sehr voneinander unterscheiden.

Verzeihen Sie mir, wenn ich in einen dogmatischen Ton falle, und nehmen Sie den Ernst in einer ernstlichen Sache gut auf.

Das Leben, das in allen existierenden Dingen wirkt, können wir uns weder in seinem Umfange, noch in allen seinen Arten und Weisen, durch welche es sich offenbart, auf einmal denken.

Es bleibt also einem Geiste, der dahin gerichtet ist, nichts übrig, als ebendiese Arten und Weisen, so genau als es ihm möglich ist, kennenzulernen. Er sieht wohl ein, daß er alle zusammen einem einzigen Begriffe, dem Begriff vom Leben im weitsten Sinne, unterzuordnen hat: aber eben desto sorgfältiger wird er die Gegenstände voneinander sondern, in welchen sich, die Art zu sein und zu leben verschieden zeigt. Er wird mit Strenge, ja mit Pedantismus, darauf halten, daß die großen eingeschlagenen Merkpfähle nicht verrückt werden, welche, wenn sie auch nur willkürlich eingeschlagen waren, ihm doch dazu helfen müssen, das Land zu messen und auf das genaueste zu kennen. Er wird die drei großen in die Augen fallenden Gipfel, Kristallisation, Vegetation, und animalische Organisation, niemals einander zu nähern suchen, vielmehr wird er nur ihre Zwischenräume genau zu kennen trachten, und mit großem Interesse an den Punkten verweilen, wo die verschiedenen Reiche zusammenzutreffen und ineinander überzugehen scheinen.

Dieses letzte mag wohl Ihr besonderer Fall sein, werter Freund, und ich darf Sie deswegen nicht tadeln, weil ich mich selbst in diesen Gegenden oft aufgehalten und noch gern darin verweile. Nur mag ich nicht gerne zugeben, daß man zwei Berge, welche durch ein Tal verbunden werden, für Einen Berg halte und dafür ausgebe. Denn ebenso ist es in natürlichen Dingen: die

Gipfel der Reiche der Natur sind entschieden voneinander getrennt und aufs deutlichste zu unterscheiden. Ein Salz ist kein Baum, ein Baum kein Tier; hier können wir die Pfähle feststecken, wo uns die Natur den Platz selbst angewiesen hat. Wir können sodann nur desto sichrer von diesen Höhen in ihre gemeinschaftliche Täler heruntersteigen, und auch diese recht genau durchsuchen und durchforschen.

So hab' ich nichts dagegen, mein Freund, wenn Sie diese Beobachtungen, worauf Sie die Winterzierde Ihrer Fenster aufmerksam gemacht, weiter und genauer fortsetzen; geben Sie acht, wo Kristallisationen sich einer Ramifikation nähern, und Sie werden finden, daß es gewöhnlich dann geschieht, wenn sich ein Phlogiston zu den Salzen mischt. Sie werden alsdann, durch Hilfe kleiner chymischer Versuche angenehme Erfahrungen sammeln. Sie werden von den gefrornen Erscheinungen nach und nach bis zur künstlichen Verfertigung der Dendriten übergehen, und alsdann mich selbst überraschen und belehren, wenn Sie mir den Punkt genau anzeigen, wo Sie auf diesem Wege das ganz nahe verwandt scheinende Moos zu erhaschen das Glück hatten.

Übrigens lassen Sie uns für alle Kunstwörter einen gleichen Respekt haben! Jedes zeigt von der Bemühung des Menschengeistes etwas Unbegreifliches zu begreifen. Lassen Sie uns die Worte, Aggregation, Kristallisation, Epigenese, Evolution, nach unsrer Bequemlichkeit brauchen, je nachdem, eins oder das andere, zu unsrer Beobachtung am besten zu passen scheint.

Da wir nicht mit wenig viel tun können, so muß es uns nicht verdrießen, mit vielem wenig zu tun; und wenn der Mensch die ganze Natur nicht einmal in einem dunkeln Gefühl umfassen kann, so kann er doch vieles in ihr erkennen und wissen.

Die Wissenschaft ist eigentlich das Vorrecht des Menschen; und wenn er durch sie immer wieder auf den großen Begriff geleitet wird: daß das alle nur ein harmonisches Eins, und er doch auch wieder ein harmonisches Eins sei: so wird dieser große Begriff weit reicher und voller in ihm stehen, als wenn er in einem bequemen Mystizismus ruhte, der seine Armut gern in einer respektablen Dunkelheit verbirgt.

NATURLEHRE.

Antwort.

Ein lauer Wind, hatte schon unsere reizende Wintergärten aufgelöst, als Ihr Brief ankam; der uns beinahe der Freuden, welche wir im Andenken der zierlichen Erscheinungen empfanden, gleichfalls beraubt hätte. Verzeihen Sie, wenn wir anfangs in Ihrem Schreiben den Übermut eines Reichen, zu sehen glaubten, wenn es uns schien als wüßte der Glückliche im Genuß der schönsten Szenen der Natur das Vergnügen entfernter Freunde an den mittlern und geringern Produktionen der Natur nicht zart genug zu schätzen.

Bei dieser Gelegenheit habe ich recht empfunden, wieviel vorteilhafter es sei, sich über wissenschaftliche Gegenstände mündlich als schriftlich zu unterhalten. In der Entfernung und bei schriftlicher Kommunikation glaubt man oft anders zu denken als der zweite und man denkt ebenso; man glaubt überein zu denken und denkt verschieden. Im Gespräche löst sich ein solches Mißverständnis leicht auf, schriftlich fängt es an zu stocken, und leider sehen wir daß oft kluge und verständige Männer, wenn einmal ihre Abweichungen voneinander gedruckt sind, sich fast nie wieder zusammenfinden können.

Glücklicherweise sind wir nicht in diesem Fall, und ich schreibe diesen Brief eilig um Ihnen zu sagen, daß wir übereinstimmender denken als Sie zu glauben scheinen, und ich mich nur vielleicht in meinem ersten Brief zu kurz und unbestimmt ausgedrückt habe, daher Sie denn auf den Argwohn gekommen sein mögen, als wichen wir von den rechten Wege der Betrachtung und der Wissenschaft ab.

Wir müssen Ihnen leider zugeben, daß es eine ganz andere Empfindung sei, durch einen Orangenwald in vollem und daurenden Genusse zu spazieren, als hinter einer Fensterscheibe augenblicklichen und vergänglichen Wirkungen der Natur aufzulauern. Auch haben wir nie unsere durchsichtigen Eisflächen zum Range der Hesperischen Gärten erheben wollen.

Allein dem anschauenden Auge ist es eine sonderbare Erscheinung, daß wenn bei strengem Froste sich Dünste an eine Fensterscheibe legen, sie sich daselbst zuerst in kleinen Wasserkügelchen sammeln, die bald, von der am Rande befindlichen größern Kälte zusammengedrängt, sich näher zu verbinden suchen. Manche schießen alsdann sogleich in sternförmige oder andere Gestalten an, manche bilden sich zu langen Fäden oder

Schnüren, an deren beiden Seiten sich nach und nach neue Fäden und Schnüre ansetzen bis zuletzt eine förmliche pflanzen- oder baumähnliche Gestalt entstehet.

Gewiß ist es, wie Sie selbst bemerken, daß das Phlogiston hier keine geringe Rolle spielt. An Orten, wo sich mehrere unreine und phlogistische Dünste versammeln, breiten sich diese Gestalten in zusammenhängenden Formen stets weiter auseinander; es bilden sich in der Mitte gleichsam Stiele und Stämme; aus den tiefen Höhlungen eines Fensterrahmens scheinen sie Nahrung herbeizuschaffen, und breiten sich daselbst in wurzelähnlichen Ramifikationen aus.

Wenn auch hier die Einbildungskraft dem äußeren Sinne in manchem zu Hilfe käme, so ist doch nicht zu leugnen, daß diese Gestalten, welche sich, von außen veranlaßt, auf einer Fläche bilden, große Ähnlichkeit, wenigstens in der Erscheinung, mit den Vegetationen haben, welche sich von innen heraus nach allen Seiten zu bilden die Kraft besitzen.

Gerne wollen wir also jene Gipfel und Merkpfähle stehenlassen, aber um desto mehr wird es uns erlaubt sein, wenn wir streng geschieden und abgesondert haben, auch wieder einmal zu vergleichen.

Wenn beim Trennen und Absondern großer Ernst und große Genauigkeit nötig ist, und es zum besten der Wissenschaft sehr rätlich sein möchte, das einmal Abgetrennte und Gesonderte in Lehrbüchern gleichsam wie in Archiven stehenzulassen: so scheint es mir hingegen nicht nachteilig zu sein, wenn man sich im Vergleichen mehr Willkür erlaubt. Sie gönnen verschiedenen Kunstwörtern gleiche Rechte! auf gleiche Weise lassen Sie mir den verschiedenen Seelenkräften das Wort reden. Wie es gut ist keine Seelenkraft vom Gebrauch des gemeinen Lebens auszuschließen: so sollte man, dünkt mich, auch jede zu Ausbreitung einer Wissenschaft mitwirken lassen.

Einbildungskraft und Witz, welche, abgesondert betrachtet und auf zerstreute Gegenstände angewandt, einer Wissenschaft mehr gefährlich als nützlich sein möchten, sind doch selbst die Hauptwerkzeuge, womit das Genie weiter reicht als gewöhnlich die Menschen zu reichen vermögen. Wenn es also Männer gibt die recht genaue Beobachtungen machen, andere, welche das Erkannte ordnen und bestimmen, und wir es mit den Arbeiten dieser Männer sehr genau nehmen müssen, weil sie selbst ein sehr ernsthaftes Pensum übernommen haben: so wollen wir es mit der dritten Klasse desto leichter nehmen, zu welcher sich vorerst Ihre Freunde bekennen, die Ihnen zusammen einen herzlichen Gruß entbieten. Leben Sie wohl, und bleiben Sie versichert, daß es uns gleichfalls Ernst um die Wissenschaft ist die Ihnen am Herzen liegt; und wenn Sie uns recht gute Beobachtungen zurückbringen, so werden Sie unsre Versuche das Neue mit dem uns Bekannten zu verbinden gewiß nicht mißdeuten, und wir werden, wenn unsre Gemütsart uns gar zu weit verleiten sollte, gern auf einen Wink merken, der uns in Zeiten erinnert.

XI.
ÜBER DIE BILDENDE NACHAHMUNG DES SCHÖNEN

von Carl Philipp Moritz, Braunschweig, 1788, in der Schulbuchhandlung.

Diese wenigen Bogen scheinen die Resultate vieler Beobachtungen und eines anhaltenden Nachdenkens zu sein, mit welchen sich der Verfasser bei seinem fast dreijährigen Aufenthalt in Rom beschäftigte.

Zuförderst entwickelt er den Begriff der Nachahmung durch ein Beispiel. Er nimmt an, Socrates werde von einem Toren, einem Schauspieler und einem Weisen nachgeahmt. Der Tor äfft dem Socrates nach, der Schauspieler parodiert ihn, der Weise ahmt ihm nach.

Nachahmen, im edlen moralischen Sinn, wird mit den Begriffen von Nachstreben und Wetteifern fast gleichbedeutend.

Es fragt sich nun, wie die Nachahmung des Edlen und Guten von der Nachahmung des Schönen unterschieden sei?

Jene strebt in sich hinein –, diese aus sich herauszubilden.

Sehr scharfsinnig werden nun die Gegenstände dieser doppelten Nachahmung auseinandergesetzt und mit den verwandten Begriffen verglichen.

Das Edle und Gute steht zwischen dem Schönen und Nützlichen gleichsam in der Mitte; gut und edel steigt bis zum Schönen hinauf. Nützlich kann sich mit schlecht verbinden, schlecht mit unnütz; und da wo sich die Begriffe am weitesten zu entfernen scheinen, treffen sie gleichsam in einem Zirkel wieder zusammen. Es ist nämlich ein Vorrecht des Schönen, daß es nicht nützlich zu sein braucht.

Unter Nutzen denken wir uns die Beziehung eines Dinges, als Teil betrachtet, auf einen Zusammenhang eines Dinges, das wir uns als ein Ganzes denken.

Was nicht nützlich zu sein braucht, muß notwendig ein für sich bestehendes Ganzes sein, und seine Beziehung in sich haben: allein um schön genannt zu werden, muß es in unsern Sinn fallen, oder von unserer Einbildungskraft umfaßt werden können.

Aus der höchsten Mischung des Schönen mit dem Edlen entsteht der Begriff des Majestätischen.

Wenn wir das Edle in Handlung und Gesinnung mit dem Unedlen messen, so nennen wir das Edle groß, das Unedle klein. Messen wir wieder das Edle Große und Schöne nach der Höhe, in der es über uns, unserer Fassungskraft kaum noch erreichbar ist, so geht der Begriff des Schönen in den Begriff des Erhabenen über.

Unsre Empfindungswerkzeuge schreiben dem Schönen sein Maß vor.

Der Zusammenhang der ganzen Natur würde für uns das höchste Schöne sein, wenn wir ihn einen Augenblick umfassen könnten.

Jedes schöne Ganze der Kunst ist im kleinen ein Abdruck des höchsten Schönen, im Ganzen der Natur.

Der geborne Künstler begnügt sich nicht die Natur anzuschauen, er muß ihr nachahmen, ihr nachstreben.

Der Sinn für das höchste Schöne in dem harmonischen Bau des Ganzen, das die vorstellende Kraft des Menschen nicht umfaßt, liegt unmittelbar in der Tatkraft selbst.

Der Horizont der Tatkraft, umfaßt mehr als äußerer Sinn, Einbildungs- und Denkkraft umfassen können.

In der Tatkraft liegen stets die Anlässe und Anfänge zu so vielen Begriffen, als die Denkkraft nicht auf einmal einander unterordnen, die Einbildungskraft nicht auf einmal nebeneinanderstellen, und der äußere Sinn noch weniger auf einmal in der Wirklichkeit außer sich fassen kann.

Der Horizont der tätigen Kraft muß bei dem bildenden Genie, so weit wie die Natur selber sein.

Seine Organisation muß der Natur unendlich viele Berührungspunkte darbieten.

Die bildende Kraft, durch ihre Individualität bestimmt, wählt einen Gegenstand, auf dem sie den Abglanz des höchsten Schönen, das sich in ihr immer spiegelt, überträgt.

Der lebendige Begriff von der bildenden Nachahmung des Schönen, kann nur im Gefühl der tätigen Kraft, die das Werk hervorbringt, im ersten Augenblick der Entstehung stattfinden.

Der höchste Genuß des Schönen läßt sich nur in dessen Werden aus eigner Kraft empfinden.

Das Schöne kann nicht erkannt, es muß empfunden oder hervorgebracht werden.

Damit wir den Genuß des Schönen nicht ganz entbehren, tritt der Geschmack oder die Empfindungsfähigkeit für das Schöne in uns an die Stelle der hervorbringenden, Kraft und nähert sich ihr soviel als möglich, ohne in sie selbst überzugehen.

Je vollkommener das Empfindungsvermögen für eine gewisse Gattung des Schönen ist, um desto mehr ist es in Gefahr sich zu täuschen, sich selbst für Bildungskraft zu nehmen, und auf diese Weise durch tausend mißlingende Versuche den Frieden mit sich selbst zu stören.

Wo sich in den schaffenwollenden Bildungstrieb sogleich die Vorstellung von dem Genuß des Schönen mischt, den es, wenn es vollendet ist gewähren soll; und wo diese Vorstellung der erste und stärkste Antrieb unsrer Tatkraft wird, die sich zu dem, was sie beginnt, nicht in und durch sich selbst gedrungen fühlt: da ist der Bildungstrieb gewiß nicht rein; der Brennpunkt oder Vollendungspunkt des Schönen fällt in die Wirkung über das Werk hinaus; die Strahlen gehen auseinander; das Werk kann sich nicht in sich selber runden.

Die bloß tätige Kraft kann ohne eigentliche Empfindungskraft, wovon sie nur die Grundlage ist, für sich stattfinden: dann wirkt sie zur Zerstörung.

Was uns allein zum wahren Genuß des Schönen bilden kann, ist das, wodurch das Schöne selbst entstand: ruhige Betrachtung der Natur und Kunst als eines einzigen großen Ganzen. Denn was die Vorwelt hervorgebracht, ist nun mit der Natur verbunden und eins geworden, und soll mit ihr vereint harmonisch auf uns wirken.

Diese Betrachtung muß so ruhig und selbst wieder Genuß sein, und ihren Endzweck desto sicherer erreichen, indem er keinen Zweck außer sich zu haben scheint.

Auf diese Weise entstand das Schöne, ohne Rücksicht auf Nutzen, ja ohne Rücksicht auf Schaden den es stiften konnte.

Wir nennen eine unvollkommene Sache nur dann schädlich, wenn eine vollkommnere darunter leidet; wir sagen so wenig daß die Tierwelt der Pflanzenwelt schädlich sei, als wir sagen, die Menschheit sei der Tierwelt schädlich, ob sie sich gleich von oben hinunter aufzehren.

Wenn wir nun durch alle Stufen hinaufsteigen, so finden wir das Schöne auf dem Gipfel aller Dinge, das wie eine Gottheit, beglückt und elend macht, nützt und schadet, ohne daß wir sie deswegen zu Rechenschaft ziehen können noch dürfen.

*

Wir schließen hier den Auszug aus dieser kleinen interessanten Schrift, und überlassen unsern Lesern, sowohl die weitere Ausführung und Verbindung dieser ausgezogenen Sätze, als auch besonders den schönen und rührenden Schluß in ihr selbst aufzusuchen.

Man erkennt in diesen wenigen Bogen den Tief- und Scharfsinn des Verfassers, den er schon in so manchen Schriften gezeigt; wir finden ihn jenen Grundsätzen getreu, zu welchen er sich schon ehemals bekannt. Nur schadet die Gedrängtheit der Methode und des Stils dem wohldurchdachten und bei mehrerer Beleuchtung auch wohlgeordneten Inhalt.

Er schrieb diese Blätter in Rom, in der Nähe so manches Schönen, das Natur und Kunst hervorbrachte; er schrieb gleichsam aus der Seele und in die Seele des

Künstlers, und er scheint bei seinen Lesern auch diese Nähe, diese Bekanntschaft mit dem Gegenstande seiner Betrachtung vorauszusetzen; notwendig muß daher sein Vortrag dunkel scheinen, und manchen unbefriediget lassen.

Diese Betrachtung bewegt uns, den Verfasser hiermit aufzufordern: durch eine weitere Ausführung der hier vorgetragenen Sätze, sie mehrern Lesern anschaulich, und sowohl auf die Werke der Dichtkunst als der bildenden Künste allgemein anwendbar zu machen.

XII.
Über
CHRISTUS UND DIE ZWÖLF APOSTEL,

nach Raphael von Mark-Anton gestochen, und von Herrn Prof. Langer in Düsseldorf kopiert.

Indem wir die Meisterwerke Raphaels bewundern, bemerken wir gar leicht eine höchst glückliche Erfindung, und eine dem Gedanken ganz gemäße, bequeme und leichte Ausführung. Wenn wir jenes einem glücklichen Naturell zuschreiben, so sehen wir in diesem einen durch vieles Nachdenken geübten Geschmack, und eine durch anhaltende Übung unter den Augen großer Meister erlangte Kunstfertigkeit.

Die dreizehn Blätter, welche Christum und die Zwölf Apostel vorstellen, und welche *Mark-Anton* nach ihm gestochen, Herr Professor *Langer* in Düsseldorf aber neuerdings kopiert hat, geben uns die schönste Gelegenheit jene Betrachtung zu erneuern.

Die Aufgabe, einen verklärten Lehrer, mit seinen zwölf ersten und vornehmsten Schülern, welche ganz an seinen Worten und an seinem Dasein hingen, und größtenteils ihren einfachen Wandel, mit einem Märtyrertode krönten, gebührend vorzustellen, hat er mit einer solchen Einfalt, Mannigfaltigkeit, Herzlichkeit, und mit so einem reichen Kunstverständnis aufgelöst, daß wir diese Blätter für eins der schönsten Monumente seines glücklichen Daseins halten können.

Was uns von ihrem Charakter, Stande, Beschäftigung, Wandel und Tode, in Schriften oder durch Traditionen übriggeblieben, hat er auf das zarteste benutzt, und dadurch eine Reihe von Gestalten hervorgebracht, welche, ohne einander zu gleichen, eine innere Beziehung aufeinander haben. Wir wollen sie einzeln durchgehen, um unsere Leser auf diese interessante Sammlung aufmerksam zu machen.

Petrus. Er hat ihn gerad von vorne gestellt, und ihm eine feste gedrungene Gestalt gegeben. Die Extremitäten sind bei dieser, wie bei einigen andern Figuren, ein wenig groß gehalten, wodurch die Figur etwas kürzer scheint. Der Hals ist kurz, und die kurzen Haare sind unter allen dreizehn Figuren am stärksten gekraust. Die Hauptfalten des Gewandes laufen in der Mitte des Körpers zusammen, das Gesicht sieht man, wie die übrige Gestalt, ganz von vorn. Die Figur ist in sich fest zusammengenommen, und steht da wie ein Pfeiler der eine Last zu tragen imstande ist.

Paulus ist auch stehend abgebildet, aber abgewendet,

wie einer der gehen will und nochmals zurücksieht; der Mantel ist aufgezogen und über den Arm, in welchem er das Buch hält, geschlagen; die Füße sind frei, es hindert sie nichts am Fortschreiten; Haare und Bart bewegen sich wie Flammen, und ein schwärmerischer Ernst glüht auf dem Gesichte.

Johannes. Ein edler Jüngling, mit langen angenehmen nur am Ende krausen Haaren. Er scheint zufrieden, ruhig, die Zeugnisse der Religion, das Buch und den Kelch, zu besitzen, und vorzuzeigen. Es ist ein sehr glücklicher Kunstgriff, daß der Adler, indem er die Flügel hebt, das Gewand zugleich mit in die Höhe bringt, und durch dieses Mittel die schön angelegten Falten in die vollkommenste Lage gesetzt werden.

Matthäus. Ein wohlhabender, behaglicher, auf seinem Dasein ruhender Mann. Die allzu große Ruhe und Bequemlichkeit, ist durch einen ernsthaften, beinahe scheuen Blick, ins Gleichgewicht gebracht; die Falten, die über den Leib geschlagen sind, und der Geldbeutel, geben einen unbeschreiblichen Begriff von behaglicher Harmonie.

Thomas ist eine der schönsten, in der größten Einfalt ausdruckvollsten Figuren. Er steht in seinen Mantel zusammengenommen, der auf beiden Seiten fast symmetrische Falten wirft, die aber durch ganz leise Veränderungen, einander völlig unähnlich gemacht worden sind. Stiller, ruhiger, bescheidener, kann wohl kaum eine Gestalt gebildet werden. Die Wendung des Kopfes, der Ernst, der beinahe traurige Blick, die Feinheit des Mundes, harmonieren auf das schönste mit dem ruhigen Ganzen. Die Haare allein sind in Bewegung, ein unter einer sanften Außenseite bewegtes Gemüt anzuzeigen.

Jacobus Major. Eine sanfte eingehüllte vorbeiwandelnde Pilgrimsgestalt.

Philippus. Man lege diesen zwischen die beiden vorhergehenden, und betrachte den Faltenwurf aller drei nebeneinander; und es wird auffallen, wie reich, groß, breit, die Falten dieser Gestalt gegen jene gehalten, sind. So reich und vornehm sein Gewand ist, so sicher steht er, so fest hält er das Kreuz, so scharf sieht er darauf, und das Ganze scheint eine innere Größe, Ruhe und Festigkeit anzudeuten.

Andreas umarmt und liebkoset sein Kreuz mehr als er es trägt; die einfachen Falten des Mantels, sind mit großem Verstande geworfen.

Taddeus. Ein Jüngling, der, wie es die Mönche auf der Reise zu tun pflegen, sein langes Überkleid in die Höhe nimmt, daß es ihn nicht im Gehen hindere. Aus dieser einfachen Handlung, entstehen sehr schöne Falten. Er trägt die Partisane, das Zeichen seines Märtyrertodes, als einen Wanderstab in der Hand.

Matthias. Ein munterer Alter, in einem durch höchst verstandene Falten vermannigfaltigten einfachen Kleide, lehnt sich auf einen Spieß, sein Mantel fällt hinterwärts herunter.

Simon. Die Falten des Mantels, sowohl als des übrigen Gewandes, womit diese mehr von hinten als von der Seite zu sehende Figur bekleidet ist, gehören mit unter die schönsten der ganzen Sammlung, wie überhaupt in der Stellung, in der Miene, in dem Haarwuchse eine unbeschreibliche Harmonie zu bewundern ist.

Bartholomäus steht in seinen Mantel wild und mit großer Kunst kunstlos eingewickelt; seine Stellung, seine Haare, die Art wie er das Messer hält, möchte uns fast auf die Gedanken bringen, er sei eher bereit, jemanden die Haut abzuziehen, als eine solche Operation zu dulden.

Christus zuletzt, wird wohl niemanden befriedigen, der die Wundergestalt eines Gottmenschen hier suchen möchte. Er tritt einfach und still hervor um das Volk zu segnen. Von dem Gewand, das von unten heraufgezogen ist, in schönen Falten das Knie sehen läßt und wider dem Leibe ruht, wird man mit Recht behaupten, daß es sich keinen Augenblick so erhalten könne, sondern gleich herunterfallen müsse. Wahrscheinlich hat Raphael supponiert, die Figur habe mit der rechten Hand, das Gewand heraufgezogen und angehalten, und lasse es in dem Augenblicke indem sie den Arm zum Segnen aufhebt los, so daß es eben niederfallen muß. Es wäre dieses ein Beispiel von dem schönen Kunstmittel, die kurz vorhergegangene Handlung durch den überbleibenden Zustand der Falten anzudeuten.

Alles dieses bisher Gesagte sind immer nur Noten ohne Text, und wir würden uns wohl schwerlich entschlossen haben sie aufzuzeichnen, noch weniger sie abdrucken zu lassen, wenn es nicht unsern Lesern möglich wäre sich wenigstens einen großen Teil des Vergnügens zu verschaffen, welches man beim Anblick dieser Kunstwerke genießt.

Herr Professor *Langer* in Düsseldorf hat von diesen seltenen und schätzbaren Blättern uns vor kurzem Kopien geliefert, welche, für das was sie leisten, um einen sehr geringen Preis zu haben sind.

Die Konture im allgemeinen, sowohl der ganzen Figuren, als der einzelnen Teile, sind sorgfältig und treu gearbeitet; auch sind Licht und Schatten im Ganzen genommen harmonisch genug behandelt, und der Stich tut, besonders auf lichtgrauem Papier, einen ganz guten Effekt. Diese Blätter gewähren also unstreitig einen Begriff von dem Wert der Originale in Absicht auf Erfindung, Stellung, Wurf der Falten, Charakter der Haare und der Gesichter, und wir dürfen wohl sagen, daß kein Liebhaber der Künste versäumen sollte, sich diese Langerischen Kopien anzuschaffen, selbst in dem seltenen Falle wenn er die Originale besäße; denn auch alsdann würden ihm diese Kopien, wie eine gute Übersetzung, noch manchen Stoff zum Nachdenken geben. Wir wollen hingegen auch nicht bergen, daß in Vergleichung mit den Originalen, uns diese Kopien manches zu wünschen übriglassen. Besonders bemerkt man bald, daß die Geduld und Aufmerksamkeit des Kopierenden durch alle dreizehn Blätter sich nicht gleich geblieben ist. So ist, zum Beispiel, die Figur des Petrus mit vieler Sorgfalt, die Figur des Johannes dagegen sehr nachlässig gearbeitet, und bei genauer Prüfung findet man, daß die übrigen sich bald diesem bald jenem an Werte nähern. Da alle Figuren bekleidet sind, und der größte Kunstwert in den harmonischen, zu jedem Charakter, zu jeder Stellung passenden Gewändern liegt: so geht freilich die höchste Blüte dieser Werke verloren, wenn der Kopierende nicht überall die Falten auf das zarteste behandelt. Nicht allein die Hauptfalten der Originale sind meisterhaft gedacht, sondern von den schärfsten und kleinsten Brüchen, bis zu den breitesten Verflächungen ist alles überlegt, und mit dem verständigsten Grabstichel jeder Teil nach seiner Eigenschaft ausgedrückt. Die verschiedenen Abschattungen, kleine Vertiefungen, Erhöhungen, Ränder, Brüche, Säume, sind alle mit einer bewundernswürdigen Kunst, nicht angedeutet sondern ausgeführt; und wenn man an diesen Blättern den strengen Fleiß und die große Reinlichkeit der Albrecht Dürerischen Arbeiten vermißt: so zeigen sie dagegen bei dem größten Kunstverstand, ein so leichtes und glückliches Naturell ihrer Urheber, daß sie uns wieder unschätzbar vorkommen. In den Originalen ist keine Falte, von der wir uns nicht Rechenschaft zu geben getrauen; keine, die nicht, selbst in den schwächern Abdrücken welche wir vor uns haben, bis zu ihrer letzten Abstufung zu verfolgen wäre. Bei den Kopien ist das nicht immer der Fall, und wir haben es nur desto mehr bedauert, da, nach dem was schon geleistet ist, es Herrn Professor Langer gar nicht an Kunstfertigkeit zu fehlen scheint, das Mehrere gleichfalls zu leisten. Nach allem diesem glauben wir mit gutem Gewissen wiederholen zu können, daß wir wünschen diesen geschickten, auf ernsthafte Kunstwerke aufmerksamen, und (welches in unserer Zeit selten zu sein scheint) Aufmerksamkeit erregenden Künstler, durch gute Auf- und Abnahme seiner gegenwärtigen Arbeit aufgemuntert zu sehen; damit er in der Folge etwa noch ein und das andere ähnliche Werk unternehmen, und mit Anstrengung aller seiner Kräfte uns eine Arbeit vorlegen möge, welche wir mit einem ganz unbedingten Lobe den Liebhabern anpreisen können.

Theodor Fontane. Effi Briest
Mit Lithographien von Max Liebermann. it 138
– Frau Jenny Treibel. Roman. Mit einem Nachwort von Richard Brinkmann. it 746
– Meine Kinderjahre. Autobiographischer Roman. Mit zahlreichen Abbildungen und einem Nachwort von Otto Drude. it 705
– Der Stechlin
Mit einem Nachwort von Walter Müller-Seidel. it 152
– Unwiederbringlich
Roman. it 286
– Vor dem Sturm. Roman aus dem Winter 1812 auf 13
Mit einem Nachwort von Hugo Aust. it 583

Georg Forster. Reise um die Welt
Mit einem Nachwort von Gerhard Steiner. it 757

Anatole France. Blaubarts sieben Frauen und andere Erzählungen
Aus dem Französischen von Irmgard Nickel. Mit Illustrationen von Lutz Siebert. it 510

Johann Wolfgang Goethe. Erfahrung der Geschichte
Historisches Denken und Geschichtsschreibung in einer Auswahl herausgegeben von Horst Günther. Mit Zeichnungen des Autors. it 650
– Dichtung und Wahrheit
Mit zeitgenössischen Illustrationen, ausgewählt von Jörn Göres. Drei Bände in Kassette. it 149/150/151
– Italienische Reise
Mit vierzig Zeichnungen des Autors. Herausgegeben und mit einem Nachwort von Christoph Michel. Zwei Bände. it 175
– Maximen und Reflexionen
Text der Ausgabe von 1907 mit den Erläuterungen und der Einleitung Max Heckers. Nachwort von Isabella Kuhn. it 200
– Reise-, Zerstreuungs- und Trostbüchlein
Herausgegeben von Christoph Michel. it 400
– Über die Deutschen
Erweiterte Ausgabe mit Illustrationen, einem Nachwort, Nachweisen und Register. Herausgegeben von Hans J. Weitz. it 325
– Goethes Letzte Schweizer Reise
Dargestellt von B. Schnyder-Seidel. Mit zeitgenössischen Abbildungen. it 375

Romane, Erzählungen, Prosa

Johann Wolfgang Goethe. Anschauendes Denken
Goethes Schriften zur Naturwissenschaft. In einer Auswahl herausgegeben von Horst Günther. Mit Zeichnungen des Autors. it 550
– Wilhelm Meisters Lehrjahre
Herausgegeben von Erich Schmidt. Mit sechs Kupferstichen von F. L. Catel. Sieben Musikbeispiele und Anmerkungen. it 475
– Wilhelm Meisters theatralische Sendung. Mit einem Nachwort von Wilhelm Voßkamp. it 725
– Wilhelm Meisters Wanderjahre oder Die Entsagenden. Mit einem Nachwort von Adolf Muschg. it 575
– Novellen
Herausgegeben und mit einem Nachwort versehen von Katharina Mommsen. Mit Federzeichnugen von Max Liebermann. it 425
– Reineke Fuchs. Mit Stahlstichen von Wilhelm von Kaulbach. it 125
– Das römische Carneval. Mit farbigen Figurinen. Herausgegeben von Isabella Kuhn. it 750
– Die Wahlverwandtschaften
Mit einem Essay von Walter Benjamin. it 1
– Die Leiden des jungen Werther
Mit einem Essay von Georg Lukács »Die Leiden des jungen Werther«. Nachwort von Jörn Göres »Zweihundert Jahre Werther«. Mit Illustrationen von David Chodowiecki und anderen. it 25

Goethe – warum? Ein Almanach. Herausgegeben von Katharina Mommsen. it 759

Gogol. Der Mantel und andere Erzählungen
Aus dem Russischen übersetzt von Ruth Fritze-Hanschmann. Mit einem Nachwort von Eugen und Frank Häusler. Mit Illustrationen von András Karakas. it 241
– Die Nacht vor Weihnachten. Mit farbigen Bildern von Monika Wurmdobler. it 584

Iwan Gontscharow. Oblomow
Mit Illustrationen von Theodor Eberle. it 472

Franz Grillparzer. Der arme Spielmann. Mit einem Nachwort von Richard Brinkmann. it 690

Maxim Gorki. Der Landstreicher und andere Erzählungen. Mit einer Einleitung von Stefan Zweig und Illustrationen von András Karakas. it 749